Ce sport qui rend fou

Gilles Simon

Ce sport qui rend fou

Réflexions & amour du jeu

Flammarion

Avec la collaboration de Grégory Schneider.

ISBN : 978-2-0814-2935-2

Sommaire

Préambule

Avant de commencer, il convient de rappeler quelques faits.

La France possède une excellente école de formation, appuyée sur l'une des fédérations les plus riches et les plus puissantes au monde. La FFT (Fédération française de tennis) compte environ un million de licenciés, dont deux tiers d'hommes. À titre de comparaison, la fédération espagnole compte 100 000 licenciés, et la suisse un peu plus de 50 000. Le budget annuel de la FFT s'élève à 325 millions d'euros.

Si un jeune entre 6 et 12 ans joue bien quelque part dans un club de notre pays, on le sait rapidement. Impossible qu'il passe sous les radars. Il est alors pris en charge dans son club puis dans sa ligue régionale, où il a affaire non pas à des autodidactes, mais à des professeurs formés et diplômés. S'il est vraiment bon, il rentre ensuite dans le système fédéral et peut profiter de toutes les compétences et équipements disponibles. Tout ceci forme une belle pyramide qui permet d'évoluer de façon suivie et cohérente. Les résultats des juniors français reflètent d'ailleurs bien cette qualité-là (depuis 1968, 22 victoires en Grand Chelem chez les garçons, 12 chez les filles).

C'est après que ça se complique.

Le tennis français masculin a remporté un seul Grand Chelem depuis la création de l'ère Open : Yannick Noah à Roland-Garros en 1983.

Le tennis féminin en a quant à lui remporté cinq (Mary Pierce à l'Open d'Australie en 1995 et à Roland-Garros en 2000, Amélie Mauresmo à l'Open d'Australie et à Wimbledon en 2006, et Marion Bartoli à Wimbledon en 2013).

Voilà, en sachant que depuis 1968 il s'est disputé environ 200 Grands Chelems dans chaque catégorie. Je vous laisse calculer les pourcentages…

Alors c'est quoi le problème du tennis français ?

Pourquoi est-ce qu'on gagne si peu ?

Certains vont me rétorquer que nous avons quand même remporté quatre fois la Coupe Davis (1991, 1996, 2001, 2017) et trois fois la Fed Cup (1997, 2003, 2019). C'est vrai, et si ça vous suffit, alors tout va bien, mais moi, ça ne me va pas. Et même si un jour prochain, un joueur français parvient à s'imposer dans un des quatre tournois majeurs, cela suffira-t-il à dire que tout va bien dans le meilleur des mondes ? Non, certainement pas. Même une horloge cassée donne la bonne heure deux fois par jour.

Je ne prétends pas apporter la réponse dans les pages qui suivent et vous dire que nous pouvons tout gagner d'un coup de baguette magique, comme ça, du jour au lendemain. En revanche, ce dont je suis sûr, c'est que si nous nous voilons la face et si nous ne changeons rien, alors il n'y a aucune raison que ces statistiques s'améliorent.

Je veux simplement m'appuyer sur mon expérience de joueur professionnel pour livrer ici tout ce que j'aurais aimé savoir avant de commencer ma carrière.

1

La quête du joueur ultime

Depuis des décennies, les joueurs français sont majoritairement formés en « indoor » (en salle et sur une surface en dur). Durant leurs années de formation, ils évoluent principalement dans ces conditions-là.

Le problème, c'est que très peu de tournois se déroulent dans ce même contexte. Sur le circuit masculin, on compte 62 tournois au total (en additionnant les Masters 1000, les ATP 500 et les ATP 250), où la répartition des surfaces est celle-ci : 20 tournois se déroulent sur terre battue, 19 sur une surface dure en extérieur, 16 en indoor, et 7 sur gazon.

Il n'y a donc que 16 tournois sur 62 qui ont lieu en indoor, ce qui représente 26 % des compétitions. Ce pourcentage baisse même à 22 % si on ne prend pas en compte les ATP 250[1]. Et je n'inclus pas dans

1. Détail des tournois indoor : Un Master 1000 sur neuf (Bercy), quatre ATP 500 sur treize (Rotterdam, Tokyo, Bâle,

ces calculs les quatre tournois du Grand Chelem (Open d'Australie, Roland-Garros, Wimbledon, US Open), qui se déroulent tous en extérieur.

Le style de jeu d'un joueur est souvent en relation avec la surface sur laquelle il grandit. Les Espagnols ou les Sud-Américains, qui sont tous formés sur la terre battue en extérieur, ne sont pas particulièrement réputés pour monter au filet ou faire des points gagnants en trois coups. En France, même si notre Grand Chelem se déroule sur terre battue, notre école de formation est sur dur en salle. À moins d'avoir grandi dans le sud de la France, où le temps permet de s'entraîner une plus grande partie de l'année à l'extérieur, la plupart des joueurs ont appris avec un toit au-dessus de leur tête et sur une surface rapide. L'écrasante majorité de nos structures fédérales sont aussi en indoor. Pour ma part, ayant suivi la filière fédérale, que ce soit en sport-études à Poitiers, à l'Insep (Institut national du sport, de l'expertise et de la performance) ou au CNE (Centre national d'entraînement), nous jouions sur dur en salle neuf mois de l'année. À l'époque, je ne me suis même pas posé la

---

Vienne), et onze ATP 250 sur trente-huit (Montpellier, New York Open, Marseille, Chengdu, Zhuhai, Metz, Saint-Pétersbourg, Sofia, Moscou, Anvers, Stockholm).

question de savoir si c'était bien ou mal. C'était comme ça, un point c'est tout.

Le fait de naître au tennis sur dur et en salle présente évidemment des avantages. On y apprend à terminer les points à la volée et à aiguiser à la fois la précision et la justesse de son jeu pour parvenir à prendre la balle le plus tôt possible.

En indoor, les coups peuvent être légers car la balle avance vite en toutes circonstances, et de toute façon, on n'a pas le temps de faire un grand geste de préparation. Les frappes sont plus fluides, on donne de la vitesse en coupant la trajectoire.

Le « dur en salle » génère son propre discours. Tous les schémas d'attaque y sont valorisés. À commencer par le point en trois frappes. Au service, tu sers fort, tu enchaînes avec un gros coup droit et tu termines le point sur la troisième frappe. Au retour, la deuxième balle adverse est le coup à exploiter. La surface étant rapide, on a moins le temps de s'organiser, donc la technique doit être juste et précise. Sur terre battue et en plein air, amuse-toi à prendre la balle tôt… Alors que sur dur et en salle, c'est efficace.

Bien sûr, une fois sur le circuit, les joueurs français s'adaptent. Mais c'est déjà tard. On pourrait faire en sorte qu'ils s'adaptent plus jeunes, en anticipant la réalité du circuit.

En indoor, un entraîneur aura tendance à dire : « Quand tu vois un gamin avec une prise fermée, qui retourne huit mètres derrière la ligne de fond de court et qui frappe la balle avec des trajectoires arrondies… au secours, on ne fait pas comme ça. » Eh bien si, on peut faire comme ça. À l'heure où j'écris ces lignes, Rafael Nadal a gagné douze Roland-Garros en retournant huit mètres derrière la ligne de fond de court et avec des trajectoires arrondies. S'il était passé par la structure fédérale française, on l'aurait probablement changé de partout. Certes, on pourrait me rétorquer qu'on l'aurait changé en mieux, personne ne peut le savoir. Mais disons qu'en l'état, le moins que l'on puisse dire, c'est que sa carrière est phénoménale, non ? Et pourtant personne ne peut nier qu'il est loin derrière la ligne de fond.

Dans des conditions indoor, un ou deux bons coups d'attaque peuvent donc suffire, c'est vrai. En revanche, sur terre battue, il en faut quatre. Voire cinq contre un bon joueur. Face à Nadal, comptez plutôt dix coups. Face à Novak Djokovic, je dirais quinze. Et au moins vingt-cinq contre Andy Murray. Tout ça pour dire que quand on joue au tennis sur terre battue, on ne joue pas de la même façon que lorsqu'on joue en indoor.

Mais il y a plus important encore, quelque chose de profondément raccord entre le fait que l'on forme les joueurs sur dur en salle dans l'Hexagone et le discours ambiant sur l'idée que l'on se fait du beau jeu. Le tennis sur terre ne colle pas à cette idée du beau que l'on colporte en France. D'une certaine façon, je peux comprendre que les joueurs typés indoor soient plus agréables à voir évoluer. Mais on parle de sport de haut niveau, de performance et de formation, c'est-à-dire de la manière dont on oriente celle-ci pour construire les vainqueurs de demain. Il ne faut pas s'arrêter à la « surface » des choses, c'est-à-dire à cette impression de fluidité qui caresse l'œil quand on assiste à un match en salle.

D'où vient donc ce penchant français pour le style indoor ?

Sans distinction de niveau, tous ceux qui ont un jour tenu une raquette dans leur main savent que le tennis est un sport très particulier, parfois affreux, qui peut très vite rendre fou. Un sport où l'on perd souvent, une torture mentale où les coups t'échappent alors que tu crois les maîtriser et où tu dois t'adapter en permanence : l'état du terrain, le vent, la qualité de la balle, de la raquette, du cordage, le comportement de ton adversaire, l'arbitrage, le public (parfois nombreux, parfois bruyant), la distance derrière la ligne de fond de court (la réglementation est de 5,50 m, mais sur le central de Roland-Garros, c'est plutôt le double), la durée des changements de côté (1 min 30 s sur un petit court et 2 min sur un grand court, quand ça passe à la télé et qu'il y a de la pub), le soleil (à l'Open d'Australie, tu peux avoir ton banc au soleil ou à l'ombre selon le terrain sur lequel tu joues)…

Bref, les paramètres sont infinis. Et si tu perds pied, tu as seulement vingt secondes entre chaque point pour changer quelque chose. Vingt secondes, c'est très peu. Il faut donc penser vite.

Or, l'idée générale véhiculée par le jeu en indoor, c'est celle selon laquelle le joueur qui attaque pour faire un point gagnant décide de son sort, comme s'il avait le contrôle du jeu. Moi je pars du principe que sur un terrain de tennis, on ne contrôle rien, car ce serait faire fi de l'adversaire et de sa capacité de réaction. On pourrait plutôt parler dans le cas d'un joueur qui prend l'initiative d'une « illusion de contrôle », une illusion de décider du sort de l'échange. Un joueur peut croire qu'il décide, mais c'est faux. La plupart du temps, il se débarrasse de la balle.

Une phrase fausse que j'ai entendue un paquet de fois, c'est celle-ci : « Le joueur qui attaque, soit il la met à l'intérieur du court, soit il la sort, mais dans tous les cas c'est lui qui a décidé d'y aller, donc c'est lui qui a décidé du point. » Non, ce n'est pas vrai. Pourquoi ? Parce que moi qui suis un défenseur, je peux vous assurer que j'ai poussé un paquet de joueurs à attaquer, j'ai souvent fait croire à mon adversaire qu'il avait tenté un point gagnant parce qu'il l'avait voulu, alors qu'en fait s'il a attaqué c'est parce qu'il en avait marre de cet échange qui n'en finissait pas, ou parce qu'il n'avait plus le choix. Bref, c'était tout ce que vous voulez, mais certainement pas parce qu'il l'avait décidé. De l'extérieur, je comprends bien qu'on accepte l'idée reçue selon laquelle le joueur qui prend l'initiative décide de l'issue du point, parce que de prime abord, cette idée tient la route. Mais si un joueur attaque la seconde balle de son adversaire, il ne faut pas occulter la raison pour laquelle il agit comme ça. Par ailleurs, comment peut-on « décider » de la perte d'un point ? Surtout si on gagne deux points sur dix en évoluant ainsi... Avec un tel schéma de jeu, on a peut-être l'impression d'avoir le contrôle, mais on a surtout la quasi-certitude de perdre le match.

Quand un joueur tente un truc, même ridicule, même désespéré, on entend souvent les commentateurs à la télé ou les spectateurs au bord du court dire : « C'est pas grave, il y est allé. » Alors que non, moi je considère justement que c'est grave, parce que c'est mal joué. Le problème, c'est que cette erreur et ce mauvais choix ne sont jamais mal vus. On ne reprochera jamais à un joueur de trop y aller ou de trop en mettre, parce que dans l'idée générale, on n'est jamais trop offensif. Je trouve ça complètement idiot. C'est comme si l'adversaire de l'autre côté du filet n'existait pas.

Pour tenter de bien me faire comprendre, je vais faire un parallèle avec le poker. Quand un joueur mise son tapis, il ne le fait pas toujours parce qu'il le décide, mais parce qu'à un moment, il y est contraint, pour telle ou telle raison, par exemple parce qu'il a moins de jetons que les autres, que les blindes augmentent et qu'il n'a pas d'autre choix, même s'il n'a qu'un as et un trois dans son jeu. A-t-il décidé de jouer son tapis ou est-ce le jeu qui l'y a poussé ?

Pour en revenir au tennis, le gros défaut d'un défenseur, c'est de devenir attentiste et de subir le jeu, mais le gros défaut de l'attaquant, c'est de se débarrasser de la balle. Ce serait aussi idiot qu'un joueur de poker qui mettrait son tapis à chaque tour.

Tout ceci pour dire à quel point les conditions d'un match et les rapports qui s'établissent entre les adversaires sont subtils, et que c'est justement cette subtilité qui fait toute la beauté de ce sport. C'est ce qui fait que je ne m'en lasse pas et que je peux prendre autant de plaisir à regarder un match entre professionnels qu'un match entre deux licenciés dans mon club (tant qu'ils sont tous les deux du même niveau bien entendu).

Malgré ces particularités, on va pourtant raconter qu'il vaut mieux courir après un point gagnant. Et l'écho est assuré auprès du public : tout le monde préfère réaliser ou voir un point gagnant. Pourquoi ? Parce qu'on ressent un sentiment de puissance et de pouvoir. Pourtant, savez-vous quelle est la proportion de points gagnants sur le circuit ? À peu près un point sur cinq. Quatre-vingts pour cent du tennis se décident donc autrement.

Depuis quelques années, il y a quelque chose qui fait énormément de mal au tennis, et qui accentue encore ce désir du public envers le jeu d'attaque, je veux parler ici des *highlights*, ces compilations censées résumer un match mais qui ne recensent que les beaux points, les volées magnifiques, les passings en bout de course, les amortis gagnants, le lob qui cloue l'adversaire sur place... On voit six ou sept points gagnants et un mec qui termine le point en criant « *Come on!* », et l'affaire est pliée... Moi, j'aimerais bien qu'il y ait aussi des *lowlights*, des compilations avec tous les mauvais points : le revers boisé, le coup droit qui s'échappe dans le couloir, la volée qui sort d'un mètre, la double faute au service... Là on s'approcherait davantage de la réalité. Le problème avec les *highlights*, c'est qu'on regarde cinq minutes de beaux points alors que le match a duré cinq heures, et après on se dit : « Ça c'est du tennis ! Ça c'est du beau jeu ! » Sauf que « ça », ce n'est pas la vraie vie.

Alors pourquoi un tel discours ? Pourquoi un tel cadre ? Pour atteindre un objectif, celui de gagner des Grands Chelems et la Coupe Davis. Les objectifs ont été énoncés par chaque président et chaque DTN (directeur technique national) depuis… toujours.

L'objectif est donc clair, ambitieux, et a priori réalisable pour une fédération aussi riche et puissante que la nôtre. Une fédération qui peut se permettre d'avoir une école de formation, différents centres d'entraînement, et qui peut donc accompagner ses joueurs de leurs premiers coups de raquette jusqu'au plus haut niveau.

Si nous sommes d'accord sur l'objectif, il reste une question pratique. Qui décide des qualités techniques, physiques et mentales nécessaires pour gagner un Grand Chelem ou la Coupe Davis ? Logiquement, le directeur technique national. Sur le plan, du moins, c'est prévu comme ça. Dans les faits, c'est beaucoup plus complexe.

Toujours est-il qu'au fil du temps et des générations de dirigeants qui se sont succédé à la tête de la Fédération, une orientation et un discours se sont dégagés. Comment et pourquoi, je ne pourrais pas le dire. Je suis trop jeune pour ça. Mais ce dont je suis sûr, c'est que ce discours était déjà présent quand j'étais enfant. Et j'imagine qu'il était là depuis longtemps déjà. J'ai grandi avec, comme tous les autres joueurs français, et je trouve que ce discours est extrêmement limitant.

Quand je dis que j'ai grandi avec, je veux dire qu'à même pas 10 ans, les responsables des détections m'avaient déjà signalé qu'avec mon gabarit et mon jeu qui était très défensif, je n'aurais aucune chance d'atteindre le haut niveau. Pourquoi ? Parce que le tennis du futur serait joué par des armoires de deux mètres pour 90 kg, et qu'ils feraient tous service-volée. Autant vous dire que j'étais mal barré.

À 12 ans, un joueur de ma ligue que je battais quasiment à chaque fois a été pris en sport-études à Reims, alors que moi non. Pourquoi ? Parce qu'il était grand et qu'il faisait service-volée. Pourtant, vingt ans plus tard, le service-volée a totalement disparu. On a fait des détections sur ce critère, on a formaté des générations de gamins sur ce critère : le système a porté sa propre arrogance. Et il s'est trompé.

Bref, tout ça pour dire que ce discours est présent depuis des décennies, que je ne sais pas comment il a été mis en place, ni par qui, mais que je sais en revanche comment il se perpétue.

Parlons donc de ce joueur modèle que l'on cherche à former pour enfin gagner des Grands Chelems.

Au niveau physique, une machine.

Au niveau mental, un joueur qui n'a peur de rien.

Au niveau du jeu, un attaquant, avec une belle technique. Quelqu'un qui sert bien, qui prend la balle tôt, qui est capable de couper les trajectoires et de finir les points au filet.

Honnêtement, je suis convaincu moi aussi que ce joueur-là gagnerait un paquet de Grands Chelems et de Coupe Davis à lui tout seul.

Voilà l'idée. Le cadre est fixé, nous allons donc entraîner tous nos jeunes dans cette direction, pour qu'ils tendent à devenir ce joueur de tennis parfait, celui qui prend l'initiative et enchaîne les points gagnants.

Il se trouve que, depuis plus de dix ans, ce joueur ultime existe vraiment. Il s'appelle Roger Federer.

2

Le mythe Federer

En France, Federer est devenu un idéal tennistique. Un modèle commun vers lequel tous les joueurs doivent tendre. Il prend le jeu à son compte, ne montre aucun signe extérieur de nervosité, ne parle quasiment jamais, bref, il est le joueur parfait dans l'imaginaire collectif. On peut résumer la chose simplement à travers une phrase que j'ai souvent entendue : « Ceux qui n'aiment pas Federer n'aiment pas le tennis. » Il se trouve que je ne suis pas d'accord avec cette idée. Moi je dirais plutôt : « Ceux qui n'aiment QUE Federer n'aiment pas le tennis. »

Que les choses soient claires, j'adore Federer. C'est un joueur magnifique et je ne vais pas répéter ce que tout le monde sait sur son jeu et sur l'arsenal de coups dont il dispose. En revanche, ce dont personne ne parle, c'est de son physique, alors que c'est sans doute ce qui m'impressionne le plus chez lui. Regardez-le se déplacer sur le court, ce qu'il réalise est d'une violence physique incroyable. Pour moi, le fait qu'il soit aussi offensif tout en étant aussi peu fragile ou qu'il ait autant de réussite dans les moments importants est tout aussi fou que les coups qu'il est capable de réaliser. Qui plus est, le tennis est ma passion, et c'est Federer qui porte ce sport depuis des années, je lui en suis donc infiniment reconnaissant. Au fond, on sait tous qu'on peut le remercier (joueurs, médias, entraîneurs, etc.). Il est la meilleure publicité qu'on puisse faire de notre sport.

Voilà. Je ne vais pas épiloguer davantage sur les qualités de Roger, tout le monde les connaît. Mais le revers de la médaille, c'est que ce modèle déteint, via les médias principalement, sur le public lui-même. Pour nous, joueurs français, Federer est un cas particulier. Il a un impact énorme. Le public international, dans son écrasante majorité, est pour Roger.

J'en ai fait l'expérience quand je l'ai affronté en huitième de finale à Roland-Garros en 2013. Je mène deux sets à un, je me fais breaker au quatrième, et là, d'un coup, le stade se lève. Sur le moment, je peux vous dire que j'avais les boules… En plus, le vainqueur allait rencontrer Tsonga en quart de finale, donc si j'avais gagné, c'était la certitude d'avoir un Français en demi, ce qui n'est pas rien quand même ! Depuis que je suis petit, j'entends en permanence, partout, qu'on veut voir un Français s'imposer à Roland-Garros, et là je suis sur le court et on encourage mon adversaire ? C'est pour le moins paradoxal, non ?

Il faut quand même que je précise que cette réaction du public ce jour-là, c'est la conséquence d'une particularité du court central de Roland-Garros, et ça c'est un truc qui n'est pas vraiment connu, et dont on ne se rend pas compte quand on regarde un match à la télé. Le public du central est très particulier : il ne ressemble pas à celui des autres courts de Roland-Garros. Dans les parties basses et médianes, il n'y a pratiquement que des loges et des sponsors. Un public international, pas franco-français. Des spectateurs qui ont été invités par leur banque ou leur client à passer une belle journée porte d'Auteuil, qui ne sont pas là pour toi mais pour voir les grosses stars du circuit…

Dans la partie haute des gradins, là oui, il y a les licenciés des clubs qui ont payé leurs places : ils sont au taquet, ils ne ratent pas un point quel que soit le match, ils sont derrières les Français. Mais, dans la configuration du stade, ils sont loin. Beaucoup trop loin.

Alors oui, si on considère le stade dans sa globalité, je veux bien concevoir que la majorité du public nous soutient, mais ceux que le joueur entend, ce sont ceux qui sont au bord du court… D'ailleurs, vous remarquerez qu'à Bercy, c'est différent : l'espace loges est minuscule, les fans prennent toute la place. Et je signale au passage que Forget, Grosjean et Tsonga se sont imposés à Bercy.

À Roland-Garros, je connais pas mal de joueurs qui préfèrent jouer sur le court numéro 1, où le public est plus chaud et où la « *vibe* » est meilleure. En Australie, Nick Kyrgios demande à jouer sur le Melbourne Arena, qui est accessible aux spectateurs munis d'un billet pour les courts annexes : là, les spectateurs sont à cinq mètres de toi, au bord du court, à hurler pendant quatre heures, même aux changements de côté.

Idem pour Fognini à Rome qui préfère jouer sur le court Pietrangeli pour les mêmes raisons… là où les supporters sont chauds bouillants. À Roland-Garros, forcément, quand un Français joue contre Federer, impossible qu'il joue sur un court annexe…

Il faut bien comprendre que lorsque tu joues contre Federer sur le court central, c'est un public à 50/50, mais comme le public qui te soutient est plus loin, tu l'entends moins, donc tu as la sensation de jouer chez lui. Tout le monde veut qu'un Français gagne pour succéder enfin à Noah, mais sur le court tu as l'impression que le public est contre toi. Lorsque j'ai joué contre Roger à l'Open d'Australie, là il n'était plus question de partie haute des gradins ou de partie basse, il avait clairement le stade entier de son côté, mais ça ne me posait aucun problème, parce que je ne jouais pas à domicile, donc j'avais anticipé cette donnée. En France, c'est un peu décevant, non ?

J'ai longtemps pensé – et je le pense encore – que Federer a besoin de l'admiration du public, parce qu'il s'en nourrit sur le court. Avant la finale de Coupe Davis 2014 contre la Suisse, j'avais expliqué qu'il me semblait utile que le public lui mette un peu de pression, applaudisse une de ses fautes directes par exemple. C'est d'ailleurs quelque chose que le public ferait contre n'importe quel autre joueur. Federer se serait alors retrouvé en terre inconnue, c'est-à-dire subitement confronté à une situation à laquelle il n'a plus à faire face depuis des années. Il avait d'ailleurs réagi en conférence de presse (ce qui n'est pas courant chez lui) en déclarant : « On le sait, Gilles Simon parle beaucoup », ce qui m'avait poussé à croire que j'avais peut-être touché un point sensible chez lui.

Bien entendu, l'image de Federer s'est construite sur le court, au fil de ses vingt titres du Grand Chelem et de tous les tournois qu'il a remportés. Quand tu gagnes autant que lui, tu peux faire passer tous les messages que tu veux, les gens penseront que tu as raison sur tout. Si Federer disait qu'il mange une banane une heure avant chaque match, tout le monde ferait pareil. Il peut nous vendre ce qu'il veut, on achète. Et c'est pour ça qu'il est aujourd'hui l'athlète, tous sports confondus, le plus « bankable » du monde.

C'est la victoire qui crédibilise son discours. Il faut absolument comprendre que, dans le sport, c'est celui qui remporte le tournoi qui a raison. Le vainqueur a le pouvoir de donner le sens qu'il veut à sa victoire quand il la commente après son succès. Il ne se trouvera personne pour contester, amender ou même nuancer ce que le vainqueur raconte à cet instant précis. Et Federer a gagné ce droit-là sur le court. Imaginons que je gagne un Grand Chelem : je gagnerais alors le droit de l'ouvrir. Du jour au lendemain, mon discours aurait une tout autre portée. Pourtant je serais la même personne qu'aujourd'hui, et je dirais exactement la même chose. Mais la victoire changerait la perception du discours, c'est-à-dire tout.

La vérité de Federer sera consignée dans les livres d'histoire. Est-elle vraie pour autant ? Federer dit-il ce qu'il pense, ou bien ce qu'il croit devoir dire pour asseoir son succès et gagner la prochaine fois en plus de celle-là ? Sur quelle part de ce qu'il raconte puis-je m'appuyer ? Dans le cas du Suisse, le grand joueur qu'il est a alimenté l'homme, qui, à son tour, s'est nourri du joueur. On ne sait plus où commence l'un et où finit l'autre.

Mais alors, qui peut dire qu'il connaît le véritable Federer, celui qui se cache derrière la construction ?

Je le côtoie depuis des années sur le circuit, tout comme je côtoie Djokovic, Nadal, Murray, et tous les autres. Pour autant, j'ai beau les observer dans le cadre des tournois et les croiser dans les vestiaires, je ne sais pas qui ils sont vraiment. Les joueurs montrent ce qu'ils veulent montrer, ni plus, ni moins. Il faut bien comprendre que ce que vous voyez à la télé, c'est de la télé. Le tennis est devenu un produit commercial, vendu par des instances dont c'est le gagne-pain. Quand je vais au cinéma avec mes enfants, je leur explique que c'est une fiction, que la vie n'est pas comme ça. Eh bien le tennis, c'est pareil.

À la télé, on vend des superstars et des histoires. On explique que Federer guérit les aveugles, et j'exagère à peine. Mais c'est bien, il ne faut pas enlever les étoiles dans les yeux des enfants puisque ça fait partie de l'attirance qu'ils ont pour le tennis, ainsi que de leur motivation à pratiquer ce sport. Mais il ne faut pas les enfermer là-dedans.

J'ai toujours prêté une attention particulière aux joueurs qui faisaient sans la télé, sans les médias.

Le Suédois Robin Söderling, ancien numéro 4 mondial et finaliste à Roland-Garros en 2009 et 2010, était par exemple un mec assez solitaire, un type qui n'avait manifestement pas grand-chose à vendre, sinon rien. Il ne disait jamais bonjour : du coup, on lui a prêté de l'arrogance. Mais il existe mille raisons de ne pas dire bonjour, et personne n'est dans sa tête. Par ailleurs, je connais un paquet de gens arrogants qui n'oublient jamais de dire bonjour.

À la fin de sa carrière, Nikolay Davydenko, ancien numéro 3 mondial, est retourné vivre chez lui en Russie dans l'indifférence générale, et je crois que lui aussi s'en fichait.

Et Pete Sampras, il fait quoi depuis 2002 et sa retraite après avoir remporté quatorze titres du Grand Chelem ? Il joue au golf ou à la belote, il boit du vin, je n'en sais rien. Aux yeux de beaucoup, il a eu tort de disparaître ainsi du monde du tennis. Mais Sampras fait ce qu'il veut. Richard Gasquet aussi, depuis le début de sa carrière, son discours c'est : « Laissez-moi tranquille. » Contrairement à Jo-Wilfried Tsonga qui, lui, a envie qu'on l'aime. Je ne dis pas qu'untel a raison ou qu'un autre a tort, mais ça pose un problème : celui du décalage entre ce que l'on dit d'un joueur et ce que l'on voit de lui. À l'inverse, les staffs respectifs de Maria Sharapova et de Victoria Azarenka te font savoir qu'elles utilisent une façade arrogante pour cacher leur timidité. Je ne sais pas si c'est vrai ou faux, ça leur appartient. On a dit que Robin Söderling n'avait rien à vendre. Sharapova, elle, a un maximum de trucs à vendre.

Les gens partent du principe qu'il faut passer à la télé pour exister, mais ce n'est pas obligatoire non plus. On peut très bien vivre sans ça.

Pour revenir à Federer, je reste admiratif de l'engagement et de la constance avec lesquels il a bâti cette image. Donner aux gens ce qu'ils veulent, c'est un boulot. Tout le monde n'en est pas capable, ou pas aussi longtemps.

Le résultat est stupéfiant.

Avant de jouer contre Roger à Bâle en 2018, je demande naïvement à Timothé, mon fils de 7 ans :

« Alors, tu vas être pour qui ? »

Et il me répond le plus sincèrement du monde :

« Ben je vais être pour Roger !

— Mais tu vas quand même pas être contre moi !

— Tu sais papa, j'aime beaucoup BEAUCOUP Roger. »

Du coup, avant le match, je vais voir Roger avec mon fils dans les vestiaires, et je lui demande si ça ne le dérange pas de faire une photo avec mon fils, en précisant ironiquement : « En plus tu peux pas me refuser ça, il veut que ce soit toi qui gagnes », ce qui l'a fait rire. Mon propre fils croyait que je n'avais aucune chance contre Federer. Le match a été accroché et j'ai fini par perdre en trois sets (7-6/4-6/6-4).

La réaction de mon fils est le fruit d'un conditionnement total. C'est la conséquence d'un discours qu'il a entendu dans son club, à la télé, un peu partout en fait. Bon après, heureusement, quand le match a commencé j'ai bien vu que mon fils se levait et criait pour m'encourager à chaque fois que je faisais un point, mais au début, avant d'être sur le terrain et qu'il se rappelle que j'étais son père, il se disait « Roger, c'est le meilleur ». C'est ça la puissance du conditionnement de Federer.

Autre exemple de l'emprise de Federer sur le jeu. Si tu joues contre lui et que tu sers pour le match alors qu'il y a 5-4 pour toi, tout le monde va se dire que tu vas « mouiller », que tu vas trembler au moment de conclure. À ce moment-là, il faut que ta conviction que tu peux le battre soit assez forte pour vaincre la sienne, mais aussi pour vaincre celle de tout le monde dans le stade. C'est quelque chose que tu sens aussi parce que, quand ce n'était pas toi sur le terrain, tu as déjà entendu ça à propos de son adversaire. Dans la situation inverse, c'est-à-dire si Roger sert pour le match à 5-4 au troisième set, là c'est très différent, tout le monde se dit que le match est plié. Ça c'est la puissance du conditionnement collectif, et toi quand tu es sur le terrain, tu le sais, c'est difficile à concevoir mais c'est la vérité. Tu le sens. Et il faut faire avec cette donnée. C'est une donnée qui ne peut pas ne pas te venir à l'esprit, et ça fait un truc en plus à gérer par rapport à lui dans les moments importants. Contre n'importe quel autre joueur, si tu mènes 5-4 dans le troisième set, tout le monde s'attend à ce que tu gagnes. C'est la raison pour laquelle, une fois que tu as battu Federer, ça déverrouille beaucoup de choses. Pour toi, pour lui, et pour le reste du monde.

Dans le même ordre d'idées, le joueur qui sert pour le match contre Nadal à Roland-Garros, il aura forcément l'impression que tous les spectateurs attendront sa double faute.

Et c'est la même chose au niveau de son attitude. Federer a remporté le prix du fair-play pendant dix ans. C'est quand même l'un de ses plus grands tours de force : avant même que la saison commence, il l'a déjà gagné sans avoir besoin de faire quoi que ce soit.

On voit bien par exemple qu'un joueur comme Djokovic court après la même image que Federer, qu'il veut être aimé de la même façon, mais chez le Serbe ça ne colle pas, il y a un truc qui sonne faux quand il essaie d'amadouer le public sur le court. Et il se trouve d'ailleurs que lorsqu'il ne cherche plus à plaire à tout prix, lorsqu'il est vraiment lui-même, alors il est imbattable. C'est un peu comme s'il disait : « Tu sais quoi ? Allez tous vous faire foutre, je vais vous montrer de quoi je suis capable », et là d'un coup tu vois dans son regard que quelque chose change, il a une détermination incroyable.

C'est en étant lui-même qu'il est quasiment imbattable. C'est d'ailleurs ce qu'il a fait en finale de Wimbledon 2019 contre Federer justement, alors que bien évidemment, le public était à fond derrière le Suisse.

L'image est une chose, la véritable personnalité en est une autre. Même moi qui le croise sur le circuit depuis des années, je ne connais pas le vrai Federer. Il est particulièrement difficile à lire.

Et pourtant, malgré l'impact colossal qu'il a sur le jeu à tous les niveaux, il ne faut pas oublier que, en l'espace de dix ans, on a connu quatre numéros 1 mondiaux aussi différents qu'il est possible de l'être : Rafael Nadal, Novak Djokovic, Andy Murray et Roger Federer. Étonnamment, on ne retient que le Suisse.

J'en reviens donc à la phrase du début de ce chapitre, celle qu'on entend partout : « Ceux qui n'aiment pas Federer n'aiment pas le tennis. » Il se trouve que moi, il y a plein d'autres choses que j'adore dans ce sport. J'aime les glissades de Gaël Monfils, les amortis de Benoît Paire, la gifle en coup droit de Juan Martín Del Potro, le revers long de ligne de Stanislas Wawrinka, le revers court croisé de Richard Gasquet. Et la liste pourrait continuer comme ça sur des pages entières ! Ce que je veux dire par là, c'est que Federer n'est pas l'alpha et l'oméga du tennis. Même lui ne sait pas tout faire.

Si j'écoute les journalistes ou le public, personne n'a jamais compris pourquoi Nadal a autant battu Federer, tout du moins sur terre battue (à l'heure où j'écris ces lignes, en septembre 2020, ils se sont affrontés à 40 reprises, l'Espagnol mène 24 à 16, mais sur terre battue, l'écart est flagrant, Rafa mène 14 à 2). Ainsi, contrairement à une idée reçue et colportée dans les médias, la supériorité de Nadal sur terre ne prend pas sa source exclusive dans une supériorité physique de l'Espagnol. Elle est aussi tactique : Nadal cherche à bloquer Federer sur son revers. Une fois cette filière de diagonale sur le revers du Suisse engagée, Nadal fait le point à peu près 70 % du temps. C'est plus facile pour Nadal d'installer cette filière sur terre battue que sur dur : le service de Federer le met moins en position de force, et les faux rebonds rendent le jeu en demi-volée plus difficile, ce qui empêche Federer de prendre le contrôle de l'échange.

Mais le duel tourne à l'avantage de Federer sur les autres surfaces (14-10), le service a plus d'importance et lui fait gagner plus de points « faciles ».

Mais ça, ça ne colle pas avec tout ce qu'on nous a expliqué durant nos années de formation… Nadal qui bat Federer, ça aurait dû ne jamais être un problème, mais comme ça détruisait nos schémas de pensée, à savoir que Federer fait tout mieux que tout le monde, c'en est devenu un, de problème. Roger étant, dans l'opinion générale, cinquante fois plus fort que tout le monde, il n'aurait jamais dû perdre contre Nadal, ni contre qui que soit d'autre d'ailleurs, et donc on disait que le physique de l'Espagnol ne tiendrait pas, qu'il prendrait sa retraite à 26 ans.

On a même fait courir des rumeurs de dopage sur son compte… Nadal ne rentre pas dans le cadre, on a du mal à concevoir que, sur le plan du jeu, Rafa puisse être meilleur que Roger.

D'ailleurs, je souligne ici qu'on ne parle jamais du physique de Federer, qui n'a pas grand-chose à envier à celui de Nadal. Qu'il enchaîne des cinq sets à 35 ans comme ce qu'il a fait en Australie en 2017, c'est extraordinaire. Mais personne n'a relevé ce point. Il a gagné en faisant des demi-volées et en volant sur le terrain, c'était tout simplement prodigieux.

Federer, donc, il gagne comme on veut voir un joueur gagner, du coup personne ne l'accuse de dopage, ce serait même une hérésie que de le suggérer. Le jour où il annoncera sa retraite, ça va être un tremblement de terre. La fin d'un monde.

Encore une fois, ce n'est pas Federer qui pose problème en lui-même, c'est l'utilisation qu'on en fait. Quand on forme un gamin en lui imposant de lui ressembler, c'est catastrophique.

En France, quand on a un gamin à l'entraînement, on lui apprend que pour gagner, c'est Roger ou rien. À la limite, le gosse comprend qu'il est préférable de perdre en jouant comme Roger plutôt que de gagner en jouant autrement. Sauf qu'on peut attendre longtemps avant de trouver le joueur qui saura reproduire son jeu… En agissant ainsi, on plombe ce gamin, voire des générations de joueurs, puisque l'aura et la constance au haut niveau de Federer sont telles qu'elles auront porté sur deux décennies, et même au-delà parce que son rayonnement s'étendra après sa carrière de joueur. Ce qui, en temps tennistique, ressemble à une éternité.

Si on veut avancer, il faut absolument se détacher de l'idée que Federer représente à lui tout seul le beau jeu et la seule façon possible de jouer au tennis. Federer, il n'y en a qu'un comme lui, il développe un jeu qui est, à mes yeux, quasiment impossible à reproduire en situation réelle (avec du vent, sur un court qui n'avance pas, quand le stress arrive, etc.). C'est un peu comme si les musiciens ne voyaient la musique que sous le prisme de Jean-Sébastien Bach. Tout le monde ne peut pas jouer comme lui.

Notre cerveau est fermé à tout autre type de jeu que celui de Federer. Combien de fois ai-je entendu des phrases qui « infusent » dans la tête de jeunes joueurs et qui les marquent de façon indélébile : « On n'est jamais trop offensif », ou « Quand tu fais un point gagnant, tu fais mal à ton adversaire ». Certes, c'est vrai, mais on peut aussi lui faire mal en faisant plein d'autres choses…

Il faut bien comprendre un truc : le jeu de Federer, ça fait rêver tout le monde, le mec qui avance tout le temps, qui est capable de couper les trajectoires, de produire du jeu, de ne pas avoir peur, d'avoir le mental d'acier au bon moment, de toujours faire le bon coup en étant entreprenant… et c'est précisément pour ça que Federer sera toujours Federer. Il représente le beau jeu que le tennis français cherche à reproduire.

À l'heure où j'écris ces lignes, il est toujours le joueur qui compte le plus de titres du Grand Chelem : 20. Nadal en a 19 et Djokovic 17. J'espère qu'au moment où vous lirez ce livre, son record sera tombé. Je m'explique. Tout le monde s'appuiera toujours sur ses records pour garder cette idée du tennis, en expliquant que c'est la meilleure manière de jouer, parce que c'est lui qui a tous les records. Si ses records tombent, ça n'empêcherait pas de dire que sa manière de jouer est toujours absolument magnifique, fabuleuse, efficace, et que c'est sans doute le plus grand joueur de tous les temps quand même. Mais ça nous rendrait service parce que ça nous obligerait à ne pas voir que ça.

Un exemple pour bien me faire comprendre. Chez les femmes, le record est détenu par l'Australienne Margaret Court, avec vingt-quatre titres du Grand Chelem, soit un de plus que l'Américaine Serena Williams. Mais cette joueuse a tenu des propos homophobes, et j'ai entendu plusieurs personnes, notamment John McEnroe, qui ont dit : « Serena, rends-nous service, gagne ces deux derniers Grands Chelems qu'on passe à autre chose. » Les propos de Margaret Court sont inadmissibles. Pour l'instant (septembre 2020), elle n'en demeure pas moins la meilleure joueuse de tous les temps. Personnellement, je peux aimer la joueuse et pas la personne.

Le problème, c'est que dans le sport, on veut que le meilleur soit le meilleur partout, qu'il soit un héros absolu, que les enfants le prennent en modèle.

Si Federer garde ses records, ça va nous permettre de dire que, certes, Djoko et Nadal sont des bons joueurs aussi, mais surtout qu'ils sont moins forts. C'est pour ça que cette histoire de GOAT[1] prend une telle proportion depuis des années, parce qu'ils sont nombreux ceux qui croient que les records de Federer ne tomberont jamais. Or si Djokovic le dépasse alors qu'il ne fait quasiment aucune volée, ça cassera les schémas de pensée de pas mal de gens.

---

1. Acronyme de « *Greatest Of All Time* », littéralement « le plus grand (joueur) de tous les temps ».

Parce qu'on ne l'aime pas autant que Federer, tout simplement. Si les records de Federer tombent, alors on ne pourra plus faire semblant, on ne pourra plus limiter le tennis à un seul joueur. On est d'accord que le jeu proposé par Federer est sans doute le plus plaisant à regarder, mais ce n'est pas nécessairement le plus efficace. Novak, ça fait peut-être moins rêver, mais ce n'est pas moins efficace. Et s'il le dépasse en termes de victoires en Grand Chelem (car en définitive c'est ça qui compte), là on ne pourra plus se voiler la face.

Federer qui garde ses records, ça fait que pendant des générations encore, on va nous le mettre à toutes les sauces. Et j'ai pas envie de ça. J'aimerais qu'un gamin à qui on impose de jouer comme Federer puisse répondre : « Oui mais Novak et Rafa ont gagné vingt et un titres du Grand Chelem en jouant autrement. »

Quand bien même les records du Suisse tomberaient, on ne l'aimerait pas moins. Dans tous les cas, Federer va rester comme le mythe absolu, un génie du sport. Et c'est très bien comme ça. Mais ça changerait tout. Tout le monde rêve de jouer comme lui, mais tout le monde ne peut pas. Federer est un joueur d'une classe et d'une élégance folles. Il dégage une telle impression de facilité et de fluidité qu'il restera quoi qu'il arrive le joueur préféré de tous les temps, parce qu'au niveau du jeu c'est la classe ultime. Aucun problème là-dessus. Ça ne veut pas dire que c'est absolument comme ça qu'il faut jouer et que c'est le plus efficace, puisque Djokovic ou Rafa ont fait mieux, avec un jeu moins flamboyant.

Et Rafa, il a la classe de Roger, peut-être pas dans l'esthétique du mouvement, mais en dehors du court c'est une évidence. En revanche, pas dans son jeu avec son coup droit au geste bizarre qui se termine derrière l'épaule, dans sa façon de remettre son slip avant chaque service, dans ses tenues avec les épaules dénudées et des pantacourts (qui aime les pantacourts ?), avec de la terre battue jusqu'en haut du dos... Alors que Federer, on n'est pas près de revoir un joueur aussi élégant, même quand il fait un coup droit en bout de course on a l'impression qu'il a le temps de bien remettre sa mèche pour les photographes au bord du court.

Voilà toutes les raisons pour lesquelles ça nous rendrait service que ses records tombent.

Sinon on va continuer avec cette vision obnubilée par Federer comme c'est le cas depuis vingt ans, à ne chercher à reproduire que son style de jeu, et on va passer à côté de tout le reste. Si on avait un Marin Čilić (vainqueur de l'US Open en 2014) chez nous, on passerait à côté. Federer donne raison à ce discours, qui existait d'ailleurs en France bien avant sa naissance. Pourtant, depuis des décennies, on ne gagne pas tout en appliquant ce discours à la lettre, mais bizarrement, on ne le remet pas en cause. Federer nous a déjà fait perdre vingt ans. Il serait bien qu'il ne nous en fasse pas perdre vingt de plus.

3

C'est quoi le talent ?

L'une des idées les plus fausses et les plus répandues que j'aimerais combattre à travers ce livre, c'est celle qui consiste à penser que tout est inné, que tout tombe du ciel. C'est archifaux. Et l'illustration la plus parfaite de ça, c'est l'idée qu'on se fait du talent. D'ailleurs, s'il est courant d'entendre « Aujourd'hui, je vais travailler mon revers » ou « Aujourd'hui, je vais aller faire quelques paniers au service », vous n'entendrez jamais quelqu'un dire « Aujourd'hui, je vais aller travailler mon talent ».

Un jour, un journaliste de *L'Équipe* est arrivé avec une proposition d'interview sur un sujet passionnant : le talent. Ou plutôt : qu'est-ce que le talent ? L'idée : faire la part du mythe et de la réalité sur un sujet central. Chacun a sa définition. Toute ma vie de joueur, j'ai entendu la chose suivante : le talent, c'est le « beau » jeu, le fait d'avoir une bonne main (un bon toucher de balle). Combien de fois a-t-on entendu après un amorti réussi : « Quel talent ! » ? On n'imagine pas un joueur laborieux savoir faire un amorti, parce qu'à partir du moment où quelqu'un maîtrise ce coup, il rentre automatiquement dans la catégorie des joueurs de talent. La demi-volée ou le jeu au filet sont également de bonnes illustrations de cette idée. En revanche, quand un gars fait un ace ou un coup slicé en milieu du court, on entend rarement dire que c'est un coup plein de talent.

Pour résumer, je dirais qu'au tennis, l'idée générale, c'est que si tu ne sais pas faire d'amorti ou de demi-volée, on te dira que tu n'es pas talentueux. Pourquoi ? Je ne saurais pas trop l'expliquer, peut-être parce qu'on est dans un sport où ça tape plutôt fort et que le contraste avec un geste plein de finesse tel que l'amorti tranche radicalement avec ça. Un peu comme le coup entre les jambes (mais on en voit encore moins que des amortis, il faut bien l'avouer).

Lors de cette interview, j'avais pris l'exemple de l'Espagnol Feliciano López : gaucher et pratiquant le service-volée derrière une grosse première balle de service, il maîtrise l'amorti, possède un excellent toucher, bref il est dans les clous de ce que l'on considère communément comme un joueur de talent. Sauf que ce même Feliciano López, quand il ne sert pas, c'est-à-dire sur ses jeux de retour, c'est un joueur qui chipe du fond du court, qui assure ses coups plus qu'il ne les frappe, qui peut faire des rallyes de 35 échanges, et qui donc là ne colle plus du tout à l'image qu'on peut avoir du joueur de talent, mais plutôt à celle du besogneux. Or, on ne peut pas considérer que Feliciano López est talentueux un jeu sur deux. Ça n'a aucun sens : soit il est talentueux, soit il ne l'est pas. C'est pour cette raison qu'illustrer la notion de talent avec un style de jeu me semble absurde.

La conséquence de ça, c'est que le talent est quelque chose que tu ne peux pas observer sur un court. Il prend son sens dans une forme de durée, ou plutôt sur la compression de cette durée, d'où selon moi la vraie définition du talent : c'est la faculté à apprendre vite, la rapidité avec laquelle tu intègres ce qu'on t'explique. Le talent n'a donc de sens que pour le coach et le joueur, dans le cadre de l'entraînement.

Prenez deux joueurs. L'un apprendra peut-être deux fois plus vite que l'autre, il sera donc plus doué. Mais attention : l'autre aura peut-être une capacité de travail deux fois supérieure.

Et cette capacité de travail, personne ne la voit non plus. Elle est aussi invisible aux yeux des spectateurs que la rapidité d'apprentissage. Quand vous observez des joueurs sur le terrain, vous n'avez aucune idée de la charge de travail qu'il y a derrière, ni de la vitesse d'apprentissage.

Benoît Paire réalise les amortis comme personne, mais savez-vous combien il en a tenté à l'entraînement avant de maîtriser ce coup ? Combien d'heures y a-t-il passées ? Personne n'en sait rien. Pareil quand un joueur fait un coup entre les jambes. S'il le réussit, qui vous dit qu'il n'en a pas fait des centaines ou des milliers à l'entraînement ?

Dans tous les cas, le style de jeu n'a rien à voir là-dedans. Tout ceci pour dire que ceux qui regardent le tennis ne voient que le résultat fini et que celui-ci porte une ambiguïté : tu ne peux jamais savoir si ce que tu as sous les yeux a été appris rapidement ou si c'est le résultat d'un apprentissage long entrepris par le joueur. Vu de l'extérieur, il est parfaitement impossible de savoir si c'est du talent… ou bien du travail.

Avant ma victoire en 2006 face à Tomáš Berdych au deuxième tour de l'Open d'Australie, j'étais sorti des qualifications pour atteindre le grand tableau et j'avais passé quatre heures sur le court au premier tour pour m'imposer face au Chilien Nicolás Massú (il avait même fallu me porter pour que je regagne les vestiaires après le match). Berdych venait tout juste de s'imposer à Bercy et pointait alors à la 11e place mondiale, alors que j'étais seulement 123e. Tout le monde s'accordait donc à dire que je n'avais rien à perdre contre lui. La réalité n'était pas celle-là. Je venais de remporter un tournoi

Challenger (le circuit secondaire) à Nouméa et entre ces matchs-là et ceux de l'Open d'Australie, je restais sur neuf victoires d'affilée. J'étais fatigué, très fatigué même, mais confiant, et je sentais bien la balle. Restait à gérer la fatigue.

Contre Berdych ce jour-là, j'ai mis très peu de rythme dans mes frappes en lui imposant énormément de variations, avec des schémas de points très courts quand je ne voulais plus d'échanges – j'attaquais sur retour de service, par exemple –, puis très long pour créer des changements de rythme.

Juste après ma victoire, Guy Forget, qui était déjà capitaine de l'équipe de France de Coupe Davis, croise un journaliste et lui dit : « Ce mec est un génie. » Et on me répète ça lors de la conférence de presse. J'ai 21 ans, je ne suis pas encore dans les cent premiers... si j'avais été un génie, on l'aurait su avant ! Mais je crois savoir pourquoi Forget a dit ça. Je venais de faire exactement ce que l'on aime voir. Je collais à l'idée communément admise du talent : de la malice, des accélérations soudaines puisque le plan était d'abréger l'échange à cause de la fatigue accumulée, un service-volée à l'occasion. Deux ans plus tard, alors que je suis classé dans les dix premiers mondiaux, le discours a complètement changé me concernant et j'entends sans arrêt pour me définir les mots « besogneux », « laborieux », « il court et il ramène la balle dans le cours, voilà... »

En fait, ce talent que l'on me prêtait alors que j'étais aux alentours de la 100e place mondiale, j'ai réussi à le perdre tout en rentrant dans les dix, c'est-à-dire en jouant mieux. Pareil pour Murray, qui devenait de plus en plus laborieux – il faisait effectivement moins de choses sur le court – au fur et à mesure qu'il montait au classement, jusqu'à atteindre la 1re place mondiale. Cela, vous en conviendrez, n'a aucun sens.

Arriver à 16 ans sur le circuit, ça veut forcément dire que tu as du talent. Parce que tu as appris plus vite que les autres. Fabrice Santoro, par exemple, a été vu toute sa vie comme un magicien pour son toucher de balle extraordinaire. Alors que pour moi, c'était un génie parce qu'à 16 ans il était déjà dans le tableau senior de Roland-Garros. Donc il avait compris des trucs plus tôt que d'autres, parce qu'il avait une capacité d'assimilation plus grande. C'est la même chose pour Gasquet ou Nadal. Par ailleurs, à ses débuts, Nadal avait un jeu de terre battue pur et dur (des glissades, des appuis ouverts) et pour autant, deux ans plus tard, il était en finale du tournoi de Wimbledon, en poussant même Federer aux cinq sets, donc Nadal a forcément appris. Et surtout compris très, très vite.

Pour résumer, je dirais donc que les joueurs talentueux ont besoin de moins de temps que les autres pour parvenir à un résultat, mais que les autres joueurs peuvent compenser ce manque par une plus grosse charge de travail. C'est aussi simple que ça.

Mais qu'on arrête de parler de talent quand un joueur réussit un amorti ou un coup entre les jambes. Parce que le talent n'a rien à voir avec un style de jeu.

4

La mauvaise image des joueurs français

Ce qui nous plombe, c'est qu'on ne se remet jamais vraiment en question sur la direction du travail que l'on effectue. Le discours général que j'entends partout depuis que je suis tout petit, c'est celui-ci : « Les joueurs de tennis français sont des enfants gâtés, ils ont les meilleures structures et des conditions de vie agréables, s'ils ne gagnent pas, c'est parce qu'ils ne s'entraînent pas assez. » Donc, si je comprends bien, tous les joueurs sont des purs produits du système, mais s'ils ne gagnent pas, c'est uniquement de leur faute. Vous voyez où est le paradoxe ? Voilà, personne ne remet jamais en question la direction qu'on a prise, on met tout sur le dos des joueurs et on continue comme on a toujours fait, sans rien changer.

Je vais prendre un exemple précis.

En septembre 2017, pendant un US Open où les joueurs français n'ont pas brillé contrairement à l'année précédente (trois en quarts de finale et un, Gaël Monfils, en demi-finale), ça a pris la forme d'une interview d'Henri Leconte dans *Le Parisien – Aujourd'hui en France.*

Extraits : « Les joueurs français ont un melon monumental : ils n'ont rien gagné et ils ont un melon !... Quand tu vois tous les autres se remettre en question [...] Dans les vestiaires, tout le monde se marre en regardant le clan français ! Dans l'autre coin, ça envoie du lourd, ça travaille [...] Arrêtez, les mecs, de nous dire "On veut gagner un Grand Chelem" : c'est pas possible ! Ils ne s'entraînent pas, ne font pas l'effort nécessaire. »

Je ne suis pas tombé sur l'interview directement, je m'entraînais dans mon club quand quelqu'un est venu me voir pour me dire : « Ben dis donc, Henri, il n'a pas été cool avec vous. »

Je ne veux surtout pas faire une fixation sur Henri Leconte. Ces mots-là, je les ai entendus mille fois. Yannick Noah l'a aussi dit dans d'autres termes quand il a parlé de « génération zéro titre » à propos de Richard Gasquet, Jo-Wilfried Tsonga, Gaël Monfils et moi.

Quand Noah nous envoie en Guadeloupe au premier tour de la Coupe Davis 2016, c'est pour, je reprends ses mots, nous « faire bosser ». L'actuel président de la Fédération française de tennis, Bernard

Giudicelli, a lui aussi déclaré un jour : « Un entraînement de Novak Djokovic, c'est autre chose que ceux des Français. » Je pourrais citer beaucoup d'autres exemples qui disent à peu près la même chose. Pourtant, parmi toutes les personnes qui se sont exprimées là-dessus pour nous qualifier de fainéants, je n'en ai jamais, JAMAIS, vu une seule assister à l'un de mes entraînements. Pas une seule. À aucun moment. Et pourtant ça fait quinze ans que je suis sur le circuit…

Et puis tant qu'à faire des comparaisons, il faut aussi savoir ce que font les joueurs étrangers, ceux auxquels on nous compare désavantageusement à longueur de temps. Vous croyez que l'un de ceux qui nous critiquent est parti assister à la préparation hivernale de Federer à Dubaï ? Non plus. En revanche, ils vont jeter un œil sur l'un de ses échauffements à Roland-Garros ou à Bercy et ils vont dire que Federer fait ci, ou que Federer fait ça. Mais ça reste superficiel. Ça ne donne aucune indication sur son travail de fond.

Parce que la préparation physique de Federer se déroule avant. Et c'est cette préparation physique qui porte le joueur sur l'ensemble de sa saison. Leconte a-t-il donc assisté à la préparation hivernale de Nadal ? De Federer ? De Gaël ? Aucune chance. Alors que fait-il ? Il colporte des ouï-dire. Il répète machinalement ce qui s'entend, sans prendre la peine de vérifier si c'est vrai. Et bien sûr, en agissant ainsi, il alimente ce discours, c'est un cercle vicieux. Encore une fois, c'est le discours ambiant qui pollue la situation.

Personnellement, que les gens pensent ce qu'ils veulent, à la limite je m'en fous. En 2014, 2015 et 2017, je suis parti faire ma préparation physique hivernale en Serbie avec mon préparateur physique de l'époque, Miloš Jelisavčić, en laissant derrière moi mes gosses que je ne vois déjà pas beaucoup le reste de l'année, avant d'enchaîner par quinze jours d'entraînement à Halle où je vous garantis qu'il n'y a rien d'autre à faire que jouer au tennis. Du coup, il ne me restait qu'une semaine en famille à Noël avant de partir sur la tournée australienne. Tout ça pour que l'on me dise quand je perds : « Il ne bosse pas. »

Moi, j'ai dépassé le stade où je pouvais être touché par ce genre de critiques depuis longtemps, émises par-dessus le marché par des personnes qui ne sont ni venues me parler, ni venues me voir m'entraîner. Mais vous savez ce qui me fait chier dans tout ça ? C'est que ça cache le vrai problème, qui est que l'on continue de colporter des trucs faux et que donc on ne pose pas les bonnes questions. On nous dit qu'on ne travaille pas assez, en comparaison avec Federer, Nadal et Djokovic (dont je répète qu'ils ne savent rien), donc on nous met tout sur le dos, alors que la vérité, à mes yeux, c'est qu'on ne travaille pas dans la bonne direction. Voilà le thème central de ce que je veux dire à travers ce livre. En France, on met tout sur la charge de travail. On a posé un cadre et on est persuadé qu'il est bon. Et on s'y tient, même si la victoire n'est pas à la clé. Ce cadre devient une idéologie, et si on gagne en faisant autrement, alors c'est qu'il y a un loup. On a eu vite fait d'entendre que Nadal était dopé, que Novak était illuminé. On n'aime pas ceux qui réussissent autrement parce qu'ils mettent en lumière ce truc-là.

Alors OK, j'ai perdu, mais ce n'est certainement pas parce que je n'ai pas bossé. Rabaisser un joueur pour l'unique raison qu'il n'a pas gagné, c'est moche. La vérité, c'est que le plan de formation ne tient pas. Il serait grand temps qu'on en prenne conscience.

Je me suis toujours posé la question suivante : si on avait eu Nadal et Federer dans notre fédération pour les aligner en Coupe Davis, qu'est-ce que l'encadrement leur aurait raconté ?

Quand Yannick était capitaine, on était dans un rapport de prof à élèves, il nous disait « Bon les gars on va gagner comme ça », alors que devant Rafa il aurait dit quoi ? « Ben… rapporte-nous tes deux points… » Ça ne lui serait même pas venu à l'idée de lui dire : « Rafa, demain, jogging à 7 heures, on va bosser. » La situation serait absurde. Nous, on nous fait bien comprendre qu'on va profiter de la semaine de Coupe Davis pour nous faire bosser, comme si on ne foutait rien le reste de l'année, ou qu'on bossait mal. Si Rafa avait dit « Je veux bien venir, mais il faut qu'il y ait Toni, mon entraîneur », lui aurait-on dit de dégager comme on l'a dit à Marion Bartoli quand elle a demandé que son père l'accompagne ? Non, je ne crois pas. Et c'est là tout le paradoxe du cadre à la française que l'on cherche à imposer à tout le monde. Si on avait des joueurs comme Nadal dans notre fédération, le cadre volerait en éclats de lui-même. Et même pire, la pression serait sur le capitaine, parce que si un joueur comme lui commençait à perdre en Coupe Davis alors qu'il ne perd quasiment jamais le reste de l'année, on dirait au capitaine que c'est de sa faute. Donc le mot d'ordre serait de ne surtout pas l'ouvrir et de laisser faire le joueur comme bon lui semble, de simplement faire en sorte qu'il soit dans les meilleures conditions possible.

Mais croyez-moi, les dirigeants ne sont pas dans cette logique-là avec nous. Quand on entend dire qu'il y a un problème d'ego chez les joueurs français, par exemple quand un joueur ne veut pas aller faire un jogging à 7 heures du matin parce que ce n'est pas dans sa façon de faire, moi ça me gêne. Parce que je suis persuadé que personne n'aurait osé tenir ce discours-là à Nadal. Pareil pour Federer, personne ne lui dirait rien. Federer, on ne lui a jamais dit qu'il ne bossait pas. En revanche, même lui, quand il perd trois fois de suite contre Nadal à Roland-Garros, on entend dire en France qu'il faut qu'il monte plus au filet. On peut quand même imaginer qu'il y a pensé et qu'il sait ce qu'il fait, non ? Pourtant, on va quand même faire la réflexion.

Moi, pendant les six-sept ans où j'étais en Coupe Davis, je jouais entre la 10e et 15e place mondiale, c'était grosso modo mon classement, et le capitaine, avec son ego, estimait qu'en écoutant ce qu'il me disait, j'aurais pu jouer 5e. Dans les faits, ce qui s'est passé, c'est qu'à force de me faire faire des trucs qui me correspondent pas, j'ai plutôt joué 50e. J'ai perdu des matchs que je ne perdais pas sur le circuit ATP. Si on avait commencé par accepter que 10e ou 15e, c'est déjà très bien, je crois bien qu'on aurait pu gagner d'autres Coupes Davis...

Quelle est le corollaire de ce discours culpabilisant à souhait ? Encore une fois et toujours : de ne pas remettre en question le cadre et la direction.

Et j'irai même plus loin : le bout de cette logique, et c'est une idée contre laquelle je m'insurge aussi, c'est qu'il vaut mieux perdre en jouant comme on l'a décidé dans le cadre que gagner en faisant autrement. Et il ne faut surtout pas que quelqu'un nous montre qu'on a eu tort pendant toutes ces années en gagnant autrement. Je peux vous garantir que si moi je gagnais un Grand Chelem, ça ferait chier un paquet de gens...

L'idéologie du jeu telle que je l'ai décrite dans les chapitres précédents est tellement ancrée dans nos esprits et dans notre inconscient que tout ce qui s'en écarte est considéré comme un ennemi.

Quand, en conscience, quelqu'un veut sortir du cadre, comme l'ont fait par exemple Caroline Garcia ou Marion Bartoli (entraînées par leur père, que la Fédération a ponctuellement tenté d'écarter), alors ça vient heurter nos fondamentaux, et on en serait presque à souhaiter qu'elles échouent.

Le cadre, au départ c'est un moyen.

Mais très vite ça devient une idéologie.

En général, quand une idéologie n'est pas bonne, il faut en changer. Le problème dans l'univers du tennis français, c'est que malgré l'absence de résultats, le mot d'ordre est de ne surtout rien changer.

5

Le chantage au drapeau

Le rapport du public français aux joueurs de tennis est parfois malsain.

Ça se remarque surtout lors de la Coupe Davis. Cette compétition a disparu sous son ancienne forme, mais disons que ça vaut pour toutes les compétitions où on représente notre drapeau (Jeux olympiques, ATP Cup, etc.). Il y a une forme de chantage inutile et absolument contestable. À ce moment-là, le joueur n'a ni le droit de penser quoi que ce soit, ni celui de fonctionner comme il l'entend. Il a juste le droit de se taire et de se battre comme un gladiateur pour satisfaire l'appétit des spectateurs, quitte à être l'exact opposé lors de ces événements de ce qu'il est vraiment le reste du temps. Voilà, c'est comme si on utilisait le fait que l'on joue pour notre pays pour nous coincer et nous bloquer. Et derrière tout ça, il y a aussi l'idée de rendre des comptes, comme si on était redevable de quelque chose. Mais de quoi ? Et à qui ? Dans ces conditions, je peux vous assurer que la compétition n'est pas franchement un plaisir. Là encore, le cadre est beaucoup trop rigide.

La Coupe Davis est devenue une arme politique, et la manière dont on perçoit le tournoi olympique de tennis est assez proche. Franchement, je n'avais pas l'impression d'avoir dit grand-chose avant les Jeux de Rio en 2016 quand j'ai expliqué qu'il me semblait normal de doter cette compétition de points ATP.

Aux Jeux, tous les joueurs ne peuvent pas participer, seuls les quatre premiers de chaque pays sont sélectionnés, donc même si le 5ᵉ espagnol est 15ᵉ mondial, il ne joue pas. Dans ces conditions et par souci d'équité, la philosophie de l'ATP est de ne pas donner de points. Malgré tout, je maintiens qu'on pourrait quand même donner des points aux JO, car ce système de sélection fait qu'il manque en tout et pour tout quatre joueurs sur les cinquante premiers. Tous les meilleurs joueurs sont présents. Et pour tous les autres qui vont à Rio quinze jours avant pour se préparer, ce qui représente une contrainte dans le calendrier annuel parce que, pendant ce temps, on ne dispute pas de tournoi, mettre des points ATP ne me semble pas absurde. Mais là, ce que j'ai heurté en disant ça, c'est la pureté du symbole du drapeau. Les JO, c'est la surenchère de ça, il faudrait qu'on y aille à la nage. Comme si jouer pour des points empêchait de jouer pour son pays, or je vous assure que les deux sont tout à fait possibles.

Voici ce que j'ai déclaré à la presse à l'époque :

« L'investissement se fait au détriment d'autres tournois (de façon directe, Atlanta cette semaine et Los Cabos la semaine prochaine, deux ATP 250). [...] Les gens oublient que les JO ou la Coupe Davis, ça reste exigeant. Nous, on est dans un pays où les sélections ne se refusent pas. [...] Tu peux faire quarts en battant trois mecs monstrueux et tu n'as rien à l'arrivée, pendant que d'autres jouent en tournoi et engrangent des points. »

En fait, le problème de ces propos, c'est qu'ils vont à l'encontre non seulement de la pureté (ou prétendue telle) du rendez-vous olympique, mais surtout d'une sorte d'état d'esprit « idéal » avec lequel le joueur se doit d'aborder cette échéance-là. Pourtant, l'état d'esprit de celui qui va sur le court ne regarde que lui.

Je me souviens d'une déclaration de Nadal expliquant qu'il faisait l'impasse sur une saison de Coupe Davis pour ne pas surcharger son calendrier : « Je représente l'Espagne toute l'année. » Le fait est que ce que fait Nadal sur un court est perçu comme tel partout dans le monde.

Un tennisman français, en revanche, est perçu comme jouant pour lui tout au long de l'année. Les seules exceptions à cette règle sont la Coupe Davis et les JO, deux parenthèses durant lesquelles il doit « rendre » quelque chose. Et montrer patte blanche.

Je vais prendre un exemple qui me semble bien mettre ce fait en lumière.

En octobre 2016 a lieu le tirage au sort de la Coupe Davis pour le premier tour de la saison 2017. Le contexte est le suivant : nous avons perdu en demi-finale contre la Croatie, et Yannick reproche à Gaël Monfils un forfait pour une blessure imaginaire. Comme Noah a lancé la surenchère de l'envie, on sentait qu'on n'avait pas trop le droit d'être autre chose qu'enthousiastes. En tout cas, les journalistes nous faisaient bien sentir ça. Je joue donc un match au Moselle Open de Metz, durant lequel le tirage au sort du premier tour de l'édition 2018 de la Coupe Davis a lieu. Quand je sors du court, je vais directement à la conférence de presse. Une journaliste m'annonce qu'on va jouer le Japon, juste après l'Open d'Australie. Un autre journaliste me demande :

« Quand as-tu appris qu'on allait jouer le Japon ? »

— C'est votre collègue qui vient de me l'apprendre.

— Tu n'avais pas regardé ?

— Je sors tout juste du court.

— Bah je ne sais pas, tu aurais pu checker direct en sortant. »

J'exagère à peine... en tout cas c'est comme ça que je l'ai ressenti. C'est pour ça que j'ai fini par lui dire :

« Non j'ai pas regardé parce que je n'en ai rien à foutre. »

La fille de l'ATP qui gère les conférences de presse m'a dit : « Fais gaffe, ils vont le prendre au premier degré. »

Ce que je veux dire, c'est qu'à un moment, c'est fatigant. Tu sors de ton match et on te parle d'autre chose. C'est pour ça qu'en quittant la conférence, lorsque j'ai croisé Nicolas Mahut, je lui ai dit : « Fais-les rêver, quand ils vont te poser des questions sur la Coupe Davis, tu leur dis : "Contrairement à Gilles qui s'en fout parce qu'il préfère aller jouer son match que regarder le tirage au sort, moi j'ai vu qu'on allait jouer le Japon et je vais y aller à la nage." » Je lui ai dit de dire ce que tout le monde voulait entendre. Qui plus est, comme on était tombés contre le Japon et que ce premier tour aurait lieu après l'Open d'Australie, ça signifiait qu'il fallait rester un peu plus longtemps encore en Asie, loin de nos familles.

Quoi qu'il en soit, je peux vous dire que ce chantage au drapeau est pour le moins pénible.

Je tiens à préciser une chose, sans chercher pour autant à provoquer ou à choquer. Mais pour moi, le plus important, ce sont les Grands Chelems. La Coupe Davis, c'est très important aussi, mais ça passe après. Les JO pareil. Je ne vais pas rater un Grand Chelem pour pouvoir jouer la Coupe Davis, et je vous mets au défi de trouver un joueur ou une joueuse qui pense autrement. La meilleure préparation pour la Coupe Davis contre le Japon, ç'aurait été de ne pas jouer le Grand Chelem qui précède. En effet, un Grand Chelem implique une préparation précise, visant à caler son propre pic de forme sur cette échéance-là. Mécaniquement, le pic de forme ne tombe donc pas sur la Coupe Davis qui se situe une semaine plus tard, parfois sur une surface ou un continent différent.

J'en ai marre qu'on me reproche de ne penser qu'à ma gueule en disant ça. Encore une fois, c'est comme ça qu'ont fait Federer, Djokovic et Nadal tout au long de leur carrière. Federer n'a pas joué la Coupe Davis pendant des années en expliquant que sa priorité, c'étaient les Grands Chelems et qu'il ne pouvait pas tout jouer parce que c'était trop dur physiquement. Pour autant, personne ne peut nier qu'il représente la Suisse dès qu'il rentre sur un court.

En France, quand on représente son pays, que ce soit en Coupe Davis ou aux Jeux olympiques, il faut aborder la compétition d'une certaine manière, mettre de côté ses habitudes et ses routines, afficher une sorte d'unité et d'esprit de groupe soudant les joueurs ensemble.

Lors des derniers Jeux à Rio, Benoît Paire est sorti du cadre et en a payé le prix fort. Il a été aligné en remplacement de Richard Gasquet, forfait sur blessure. Benoît a perdu au deuxième tour contre Fognini, et il n'y avait aucun membre de l'encadrement de l'équipe de France dans son box durant cette rencontre. Il a été exclu de l'équipe de France quelques minutes après son match. C'est Arnaud Di Pasquale, le DTN de la FFT de l'époque, qui l'a annoncé en direct sur les antennes de France Télévisions. Il a reproché à Paire des « manquements au règlement » et des problèmes de comportement depuis son arrivée au Brésil (il avait notamment décidé de ne pas dormir au village olympique comme c'était prévu). Di Pasquale a ajouté : « On ne peut pas bafouer comme cela les règles et le maillot. C'est inadmissible. C'est un manque de respect vis-à-vis de ses camarades et du staff. Ce n'est pas la première fois qu'on l'avertit. L'équipe de France, ce n'est pas "open bar". Il y a des règles à respecter. »

Ce à quoi Paire a répondu que les JO n'étaient pas un objectif pour lui : « Pour moi, la saison, le tennis, c'est le classement ATP. Là il n'y a pas de point, et pas d'argent. »

Il convient de rappeler que Paire n'avait alors jamais été appelé avec les Bleus en Coupe Davis. Vu tout ce qu'il s'est pris sur la tronche ensuite, on peut parler d'un baptême du feu.

Mais franchement, je ne vois pas ce qu'il y a de si grave à préférer rejoindre sa copine à l'hôtel plutôt que de rester dormir au village olympique (où l'on dort très mal, j'en ai fait l'expérience, et je peux vous assurer que le sommeil est une composante importante du sport de haut niveau). Federer ne dort pas au village olympique. Pourquoi exclure Benoît Paire sur ce prétexte-là ?

J'ai partagé le préparateur physique de Viktor Troicki, le Serbe Miloš Jelisavčić : je les ai rejoints tous les deux dans leur pays dans le cadre de ma préparation hivernale. Là-bas, Troicki, c'est Jésus : les gens venaient le remercier de les représenter partout dans le monde, ils insistaient pour déposer une bouteille de vin sur notre table alors qu'on leur expliquait que l'on était justement en pleine préparation et qu'on ne pouvait pas boire d'alcool… Il y avait tellement de gens qui venaient le voir qu'on ne pouvait plus manger dans la salle commune, c'était devenu difficile à gérer. Troicki n'a pourtant pas un énorme palmarès (trois titres en simple et une Coupe Davis remportée en 2010), et Novak Djokovic prend énormément de lumière en Serbie. Par ailleurs, Troicki a même été sanctionné par les instances antidopage pour avoir refusé de se soumettre à un prélèvement sanguin. Mais peu importe cette sanction, les Serbes sentaient que Troicki était là pour eux, qu'il jouait pour eux. En Amérique du

Sud c'est pareil, quand les Argentins sont contrôlés positifs, tout le monde leur dit : « C'est parce que le reste du monde est contre nous. » Ils sont dans un déni à l'opposé du nôtre. La différence avec nous, c'est que les joueurs serbes ou argentins grandissent avec l'idée selon laquelle ils ont tout un peuple derrière eux. En France, un joueur qui se ferait contrôler positif pour la même raison que Troicki, je peux vous garantir qu'il n'aurait pas le même traitement, il ferait la une des journaux et se ferait lyncher. Troicki a une meilleure image en Serbie que celle de n'importe quel joueur en France. Dans notre pays, un joueur paye cash le moindre faux pas. Il faut bien comprendre l'importance que ça a de grandir en ayant ça en tête.

Ça, c'est pour l'image du joueur auprès du public, mais au sein de la Fédération, on a d'autres attentes, qui ne sont pas moins pires et pas moins dommageables. Là encore, les matchs par équipe sont des bons révélateurs. On attend de nous qu'on se comporte en équipiers modèles.

Quand revient le temps de la Coupe Davis, on entend sans arrêt parler de ce fameux équipier modèle. Un concept dont les contours sont flous : c'est quoi, la définition ? Pour moi, le sens de l'équipier modèle, si tant est qu'il existe, c'est le suivant : un joueur qui se prépare comme il a envie de se préparer, puisque c'est ce qui lui permet de jouer son niveau toute l'année (et quand tu vas en Coupe Davis, tu es appelé pour jouer ton niveau) et donc qui sait ce qu'il a à faire. Bien sûr, Gaël, Jo, Richard, ou moi, on n'a pas les mêmes façons de nous entraîner. Mais en Coupe Davis, on a des limites et des contraintes de courts, d'horaires, etc. Donc l'équipier modèle à mes yeux, c'est celui qui arrive à bien se préparer sans heurter le fonctionnement des autres. Celui qui s'entraînerait une heure par jour et qui tout d'un coup se retrouve à s'entraîner quatre heures par jour parce que c'est obligatoire, là il peut se blesser, se cramer, jouer moins bien, parce qu'il fait un truc qui ne lui correspond pas du tout. Moi si j'étais capitaine, je prendrais les quatre joueurs autour d'une table, je leur dirais : « Les gars, on a le créneau de telle heure à telle heure, qu'est-ce que chacun veut faire, et on décide ensemble de ce qu'on fait pour que tout le monde soit bien, dans les meilleures dispositions possible. Ce ne sera pas exactement comme ce que vous faites d'habitude, parce qu'on a des contraintes de fonctionnement différentes, ça demande un effort à chacun pour se préparer au mieux, mais on va essayer. S'il y en a un qui veut faire des points, l'autre des grosses sessions l'après-midi, l'autre qui veut faire un physique et un tennis par jour, et le dernier qui veut jouer quatre heures dans la journée, on s'adapte. »

Ce serait ça l'idée. Faire en sorte que tout le monde soit dans les meilleures dispositions possible.

Nous, dans les faits, on n'a jamais fait comme ça. L'équipier modèle, selon la doxa du discours, c'est le joueur qui plaît au capitaine. C'est-à-dire celui qui rentre dans le cadre souhaité par ce dernier alors que, forcément, deux ou trois joueurs ne peuvent pas y rentrer, ou pas spontanément.

De plus, l'autorité du capitaine, ou plutôt le fait qu'il optimise la qualité d'un joueur durant la Coupe Davis, me semble être une variable. Richard Gasquet ne s'entendait pas avec Forget. Pourtant, Gasquet a maintes fois été désigné par Yannick comme un joueur exemplaire lors de son retour à la tête de l'équipe en 2015, lequel Noah a plus de mal avec Gaël Monfils (notamment après le forfait de celui-ci avant la demi-finale de l'édition 2016 en Croatie, alors que le joueur restait sur une demi-finale à l'US Open), un Monfils que Guy Forget et Arnaud Clément (capitaine entre 2012 et 2015) considéraient comme un bon soldat. Jo-Wilfried Tsonga, lui, n'était pas au mieux avec Clément.

Bref : ce sont les mêmes joueurs, le même Tsonga, le même Monfils, mais un coup ils ont l'esprit d'équipe avec tel capitaine et un coup ils ne l'ont plus avec le capitaine suivant. On ne sort jamais de ce truc-là. Un exemple : la demi-finale à Cordoue contre l'Espagne en 2011. Richard Gasquet perd 6-3/6-0/6-1 contre Nadal le premier jour et le capitaine, Guy Forget, trouve que Gasquet a un problème d'attitude. Deux jours plus tard, Jo-Wilfried

Tsonga perd 6-0/6-2/6-4 contre le même Nadal mais là, pas de problème, Tsonga a eu la bonne attitude.

Gaël Monfils, Richard Gasquet, Jo-Wilfried Tsonga et moi, on a toujours vu la cohabitation en Coupe Davis de manière horizontale. On s'est toujours ajustés en permanence sans pour autant avoir besoin de personne pour le faire. Je sais par exemple à quelle heure il est possible de s'entraîner avec Gaël, et je sais que ce ne sera pas tôt le matin. En revanche, quand des problèmes sont survenus, ils sont toujours venus du dessus, c'est-à-dire du capitaine.

Je suis persuadé qu'on aurait eu des meilleurs résultats sans aucun capitaine. Je sais que c'est impossible : il faut bien qu'il y ait un sélectionneur quand même. Entre nous quatre (Jo, Gaël, Richard et moi), ça s'est toujours bien passé. Aucun problème d'ego. Des problèmes d'ego entre le capitaine et nous, ça oui, on en a eu.

Un cas d'école : la présence des entraîneurs persos des joueurs lors des stages de Coupe Davis. Si un mec le sent, en principe, rien n'empêche qu'il vienne avec son coach. Et si ça crée des tensions, c'est de staff à staff, entre l'encadrement de l'équipe de France et le coach, ce qui revient à des problèmes d'ego ne concernant pas directement le joueur. Ces frictions n'existent qu'en France. En Espagne, les coachs sont là s'ils le souhaitent, ça veut dire que la fédération espagnole ne leur ferme pas la porte par principe.

J'imagine que les capitaines successifs de l'équipe de France de Fed Cup ont expliqué ainsi à Walter Bartoli, un médecin de profession qui a arrêté d'exercer pour se concentrer sur la formation de sa fille, qu'ils savaient mieux que lui ce qui était bon pour elle puisqu'ils étaient joueurs de tennis et avaient gagné des Coupes Davis, des Fed Cups et même des Grands Chelems dans le cas d'Amélie Mauresmo. Ce qui revenait à dire à la joueuse : je sais mieux que ton père ce qui est bon pour toi. Peut-être qu'effectivement, ils connaissaient mieux le tennis que Walter Bartoli. On peut facilement le concevoir. Mais la question n'est pas là : le problème est que si le joueur a l'absolue conviction que ce que fait son coach perso avec lui est plus porteur que ce que lui apporteront ceux qui prendront le relais en Coupe Davis ou en Fed Cup, il n'acceptera jamais de changer, même ponctuellement. Pour lui, c'est mort. Si un joueur veut voir sa compagne dans son box pendant un match, il faut qu'il y ait sa compagne dans son box. S'il veut son coach perso, il faut qu'il y ait son coach perso.

Ce n'est pas qu'il n'aime pas ceux qui l'entraînent en Coupe Davis, ce n'est pas non plus qu'ils sont moins bons, et ce n'est pas non plus qu'il ne veut pas partager ces moments-là avec eux : le point crucial est que le joueur est encore le mieux placé pour sentir ce dont il a besoin.

Les gars de la Fédération sont venus nous voir avant les Jeux de Rio : « Vous voulez quoi ? » Moi, je voulais mon coach. On m'a expliqué que c'était serré pour les accréditations et que, dans ce contexte, on risquait d'être déçu. Soit. Mon entraîneur, Jan De Witt, n'a pas été accrédité. Au Brésil, j'ai perdu en huitième de finale contre Rafael Nadal (7-6/6-3) et objectivement, ce n'est pas parce que De Witt n'était pas accrédité que j'ai perdu ce match-là ou gagné les précédents. Le coach perso de Nadal était là, cependant.

Sam Sumyk, un coach français, entraînait à l'époque la joueuse espagnole Garbiñe Muguruza. La fédé espagnole l'a accrédité pour venir aux Jeux et a fait en sorte que sa joueuse soit bien. Nous, on ne peut pas vraiment dire ça. Le père de Caroline Garcia n'a pas été accrédité, et c'est lors de cette édition qu'on est tombé à bras raccourcis sur Benoît Paire. Lui voulait venir avec sa compagne, ça lui a été refusé et donc plutôt que de dormir dans un lit pourri au village olympique, il a préféré la rejoindre dans un hôtel à l'extérieur.

On nous répète que les Jeux olympiques sont un objectif majeur, qu'il faut gagner à tout prix, et pourtant on ne nous donne pas les moyens d'y arriver.

Et si les instances dirigeantes ne veulent pas des entraîneurs persos, c'est qu'elles sont bloquées avec les filles, qui elles sont souvent entourées de leur père, comme Caroline Garcia ou Marion Bartoli. Le raisonnement fédéral est le suivant : si on accepte un entraîneur, alors c'est la porte ouverte aux autres. Ce sont les entraîneurs des filles qui sont visés, mais, par extension, c'est tout le monde. Pas de Louis-Paul Garcia, donc pas de Jan De Witt.

Ce sont des nœuds au cerveau que ne se font pas les autres fédés. Si Murray veut que sa mère soit présente, elle aura un badge sans souci. Quand on m'a demandé ce que je voulais pour les Jeux (un an et demi avant), en fait c'était plus une question rhétorique qu'autre chose, je n'avais droit qu'à ce qui rentrait dans le cadre déjà prévu par la Fédé. Quelle différence entre le père de Caroline Garcia et la mère d'Andy Murray ? Ce n'est un problème que chez nous. Encore une fois, on nous force à rentrer dans un cadre (qu'on ne suit pas le reste de l'année), sur des événements qui sont importants, et ça revient à nous dire : « C'est comme ça ou alors tu ne joues pas. » Donc tu te retrouves dans une impasse où soit tu déclines, soit tu te retrouves dans une situation inconfortable car tu ne seras pas dans les meilleures dispositions possible. Et là-dessus on te fait un chantage au drapeau en disant « Ah mais le gars refuse de représenter la France ? » Bilan : on est perdants dans tous les cas de figure.

C'est là où le cadre devient idéologique, à partir du moment où il ne nous laisse pas le choix. Le fameux « C'est comme ça et pas autrement ». On ne peut pas en sortir. Soit on va gagner comme ça (et tout le monde te rappellera qu'on a gagné avec ce cadre), soit on va perdre (sans avoir essayé de gagner autrement) et on chargera les joueurs (comme on l'a fait pour Paire à Rio). Ça retombe toujours sur les individualités.

Notre image est déplorable. Il faut qu'on s'efface à tous les niveaux. Qu'on soit des bons soldats en permanence. Corvéables à merci, dans toutes les conditions. Et surtout qu'on ferme bien notre gueule.

6

ARROGANCE ET HUMILITÉ

À ce stade, il me semble important de parler d'une autre critique qu'on nous renvoie en permanence et qui me semble tout aussi injustifiée, celle selon laquelle les joueurs de tennis français seraient prétentieux et arrogants. En général, tout de suite après on nous jette au visage l'image de Federer et de Nadal qui, eux, seraient des joueurs humbles par excellence.

Mais qu'entend-on au juste par humilité ?

Je peux décrire l'humilité en trois lignes. Ou plutôt en trois déclarations, qui collent chacune à un contexte dans lequel le joueur de tennis s'exprime.

Première déclaration : le joueur parle avant le match. « Demain, ça va être dur. Mon adversaire est un très bon joueur. J'ai toujours bien joué quand je l'ai battu. Là, je sais que je vais devoir faire un gros match. »

Deuxième déclaration : le joueur parle après une victoire. « J'ai très bien joué aujourd'hui, mon adversaire n'a pas fait son meilleur match et je vais essayer de monter en puissance au tour suivant parce que mon prochain adversaire est en forme, il est encore plus fort. »

Troisième et dernière déclaration : le joueur parle après une défaite. « Mon adversaire a fait un très bon match. Je n'arrivais pas à mettre mon jeu en place parce qu'il m'en a empêché. Je vais continuer de travailler très fort pour progresser. »

Trois situations, trois déclarations circonstanciées : avec ça, tu fais une carrière, tu es absolument sûr de ne pas te faire emmerder. Pas besoin d'un mot de plus. Le public est content, il se dit : « Regardez, il est humble, le mec. » Les gens trouvent que ton attitude est super, une attitude qui a consisté à envoyer six cents fois la même chose à tes interlocuteurs. Rafael Nadal est celui qui maîtrise ça mieux que quiconque. Il ne déroge jamais à cette règle, même lorsqu'il affronte un joueur issu des qualifications au premier tour de Roland-Garros.

Que tu te serves de cette botte secrète une ou deux fois pour te défausser parce que tu n'as pas envie de parler, je peux comprendre. Dérouler les mêmes phrases six cents fois répond à une autre logique : tu n'as tout simplement pas le droit de dire que tu vas battre un mec.

Quel est le seul intérêt de cette humilité de façade ? J'en vois un, capital : se préserver une porte de sortie en cas de défaite : « Je vous l'avais bien dit. Les matchs sont durs. »

Mais si on a le malheur de ne pas rentrer dans ce cadre, alors on se fait allumer. Par exemple, si je dis que je suis convaincu de pouvoir battre Federer la veille d'un match contre lui, les gens vont entendre : « Gilles Simon dit qu'il va battre Federer. » Ou plutôt : « Gilles Simon est sûr qu'il va battre Federer. » Alors que non, je ne suis pas sûr que je vais le battre. Mais oui, je crois que je peux le faire, faute de quoi ce ne serait même pas la peine d'entrer sur le court, autant rester tranquille à la maison avec ma famille. La vérité, c'est que je ne sais pas si j'ai une chance sur deux de battre Federer, ou une chance sur mille, ou même une sur un million. Mais peu importe du moment que je suis persuadé d'en avoir une, et de pouvoir la jouer à fond.

Le fait d'être repris là-dessus n'est pas anodin. À partir du moment où tu ne peux pas énoncer une simple vérité comme celle-là sans paraître arrogant, ça veut dire qu'on a bloqué une parole. Or, cette verbalisation crée ou soutient la confiance nécessaire pour battre un joueur aussi fort que Roger Federer. Imaginons que je prenne 6-1/6-1 contre lui après avoir annoncé que je pouvais le battre. Je vais forcément entendre : « Et alors ? Là, tu as compris ? » Le problème, c'est qu'à partir du moment où ces choses-là t'arrivent en continu et à feu nourri, on instille en toi l'idée que ta démarche n'est pas bonne alors qu'elle est par définition juste : personne ne t'a prouvé qu'il était impossible de le battre, personne n'a même songé à argumenter dans ce sens alors qu'en imaginant tous les cas de figure, Federer peut même se bloquer la nuque contre un joueur classé 2/6.

La vérité, c'est que l'on vend une mise en scène, celle où je ne peux pas battre Federer. Pourquoi ? Parce que ce qui est neutre et nuancé ne vend pas. L'environnement médiatique fausse le jugement des gens. Et ça vaut pour tous les sports, pas seulement le tennis.

Je constate toutefois un paradoxe ici. En effet, pour un regard extérieur, l'humilité consiste à dire « je ne sais pas » plutôt que « je sais ». On regarde ce qui se passe sur le court et ensuite on en tire une explication, un raisonnement, une pensée. Mais nous vivons dans un monde où celui qui dit « je ne sais pas » passe pour un incompétent. Et où celui qui dit « ça dépend » passe pour un incompétent aussi. Mieux vaut dire « je sais », et peu importe si c'est une connerie.

En résumé, soit tu es humble et incompétent, soit tu es arrogant et compétent.

Avant la finale de Roland-Garros entre Djokovic et Wawrinka en 2015, qui pouvait dire : « je ne sais pas », « on va voir » ? Qui pouvait s'en tenir au fait que c'était un match formidable à regarder entre deux joueurs aux styles opposés, un qui tape et un qui contre ? Personne. Pourtant le grand jeu désormais, c'est de savoir qui va avoir raison. Et non plus de savoir ce qui va se passer. C'est ce que je déplore.

Ce qu'il y a de pratique avec l'humilité, c'est que c'est un concept que l'on peut mettre à toutes les sauces. On s'en sert pour conditionner les esprits, installer une impossibilité puisqu'on ne peut même pas formuler une ambition sans être taxé d'arrogance. Il faudrait que tu dises : « Je ne peux pas gagner contre Federer. » C'est la seule voie qu'on te laisse : voilà comment est utilisée l'humilité.

À l'opposé de l'humilité se situe l'arrogance, dont nous, joueurs de tennis français, serions tous atteints. Déjà, il faut bien définir le mot. Pour moi, quand on dit qu'un mec est arrogant, il peut y avoir le côté « il se vante », ou bien le côté « je sais tout ».

À mon sens, il y a des différences énormes dans la manière dont on aborde l'humilité et l'arrogance. Et ces différences tiennent à la manière dont on les appréhende dans le temps : le passé, le présent ou le futur.

Un exemple.

En janvier 2016, j'affronte Djokovic en huitième de finale de l'Open d'Australie. Novak vient alors de remporter Wimbledon et l'US Open, et il s'imposera à Melbourne puis à Roland-Garros cette année-là, réalisant ainsi l'exploit de remporter les quatre tournois du Grand Chelem d'affilée. Le match est très accroché, je finis par m'incliner en cinq sets (6-3/6-7/6-4/4-6/6-3), en 4 h 32. Avant le match, comme il était intouchable, c'est limite si on demandait pourquoi je prenais la peine d'aller sur le terrain tellement j'étais certain de perdre.

En avril 2017, je l'affronte à nouveau au deuxième tour du Master 1000 de Monte-Carlo, mais là, la donne a changé. Novak traverse une période creuse en termes de résultats, et tout le monde me dit qu'il est prenable, on me fait même bien comprendre que s'il y a un moment où on peut le battre, c'est maintenant. Là encore, le match est accroché et je m'incline en trois sets (6-3/3-6/7-5).

Lors de la conférence de presse qui suit le match, je comprends tout de suite à travers leurs questions où les journalistes veulent en venir : Novak n'est pas en forme, je l'ai accroché parce qu'il a mal joué. Sauf que moi, à la lumière de ce qui s'est passé sur le court, de ce que j'ai vu et de ce que j'ai ressenti, je ne suis pas d'accord. Pour moi, la conférence de presse n'a pas d'intérêt : quoi que je dise, les articles sont déjà écrits et ils illustreront la thèse selon laquelle Novak a mal joué face à moi. Juste après, un journaliste me prend à part : « Dites, c'est terrible : avec vous, les médias ont toujours l'impression d'être à côté de la plaque. »

Puis il ajoute : « Expliquez-moi ce qui s'est vraiment passé sur le court aujourd'hui. » Je lui réponds qu'à l'Open d'Australie en 2016, Djokovic a fait une centaine de fautes directes malgré tout, et que les trois sets que je viens de disputer contre lui à Monte-Carlo sont dans le droit fil du match disputé seize mois plus tôt à Melbourne. Il suffit de regarder les deux matchs en parallèle pour s'en apercevoir.

À Melbourne, je n'arrive pas à le déborder, Novak joue plus près de sa ligne de fond de court que moi et je ne parviens pas à le faire décrocher, il distribue et je n'ai pas d'ouverture. Donc, il joue mieux que moi au tennis dans l'ensemble. Par contre, je ramène énormément de balles dans le court. Et c'est pour cette raison que ça n'a pas été facile pour lui. Voilà ce qu'il s'est passé. L'idée de base, c'est que je ferme les angles, justement, Novak n'a pas la frappe pour me déborder. Il prend la balle tôt, il coupe les trajectoires, et ça lui crée de l'angle, mais tant que tu joues au milieu et qu'il n'a pas d'angle, il n'a pas le coup de fusil, ni d'un côté ni de l'autre, pour te transpercer. Donc toi si tu te recules un peu pour te donner un peu de temps, tant que tu ne lui ouvres pas un angle en défense qu'il peut venir couper, il s'empale. C'est ça qui s'est passé contre moi. L'idée, c'est exploiter la zone du centre au maximum et ne pas lui ouvrir d'angles. Il est plus fort que moi dans tous les domaines, OK. Sauf dans ce truc que je viens d'expliquer, ou ça devient du 50/50. Il y a toujours un secteur ou une filière dans lesquels tu seras plus fort que ton adversaire. Toujours. Quel qu'il soit. Après c'est à toi de le trouver et de l'exploiter.

Je suis allé chercher les statistiques de ces deux matchs pour les comparer : il y a exactement le même ratio de points gagnés (53 % pour lui, 47 % pour moi), j'ai même converti plus de balles de break à Monaco (83 %) qu'à Melbourne (22 %). Son ratio de points gagnants/fautes directes est sensiblement le même, avec plus de fautes que de points gagnants.

Si quelqu'un fait l'effort de revisionner ces deux matchs et m'explique quand même qu'il y a une différence, d'accord, je veux bien discuter avec lui.

Moi j'ai l'impression d'avoir joué le même match, et les statistiques vont dans ce sens, mais dans un cas si j'avais gagné, ç'aurait été un exploit, dans l'autre ç'aurait presque été normal. C'est ça que j'essaie d'expliquer au journaliste.

Je lui dis que si j'avais battu Djokovic à Monte-Carlo, tout le monde aurait écrit l'idée avec laquelle ils sont venus en arrivant : j'ai battu le Serbe parce qu'il n'était pas en forme, indépendamment de mon match à moi. En d'autres termes, on m'aurait gâché la victoire.

Par ailleurs, avant ce match contre Djokovic à Monte-Carlo, personne n'a songé à me demander si je me sentais mieux ou moins bien par rapport à la fois d'avant, si je me sentais en forme ou non. Ça, on s'en fout. En 2016, on me fait comprendre que je vais jouer un gars intouchable, en 2017, on me dit qu'il est prenable. Ce décalage est fou, parce que dans les faits, Novak était toujours numéro 1 mondial, certes peut-être un peu moins en forme, mais Novak moins en forme, vous conviendrez avec moi que c'est quand même un certain niveau.

Malgré tout, une fois on m'a dit que ma défaite équivalait à une place en finale : voilà pour le match en Australie. À Monte-Carlo, à l'inverse, on m'a expliqué que j'avais réalisé une contre-performance.

Le problème, donc, c'est que les médias nous vendent une mise en scène.

Pourquoi une telle mise en scène ?

Parce que le but des médias, c'est de donner dans la divination, donc un journaliste ne peut pas dire « je ne sais pas ». Tout ce qui ne va pas dans son sens, il ne le voit pas ou préfère ne pas en parler.

Si un consultant a raison à l'épreuve du match, il n'oublie surtout pas de le rappeler : « Je vous l'avais bien dit. » Sinon, il met tout sur le joueur : « Il aurait dû faire ci, il n'a pas été capable de faire ça… » Et ensuite, le consultant ne voit plus que ce qu'il veut voir.

Il existe pourtant un moyen de ne pas se tromper, et c'est la manière la plus simple qui soit : regarder le match. Sans a priori. Je ne dis pas que les journalistes ne travaillent pas. Ils regardent l'historique des face-à-face entre les joueurs, la forme de l'un, celle de l'autre. Ça crée une sorte de conditionnement. Mais au bout du compte, personne ne sait ce qui se passera sur le terrain. Même les joueurs ne le savent pas. Si Roger Federer bat Rafael Nadal quatre fois de suite, rien ne dit qu'il le battra une cinquième fois. Ainsi, il faut faire le *reset* à chaque fois : se laver le regard pour voir le match comme il est, et non plus comme on croit qu'il doit être.

Est-ce qu'une fois, un consultant a dit devant un match de tennis : « Je n'ai pas la réponse, je ne sais pas » ? Moi, si je commentais, j'adorerais dire : « Je n'en ai aucune idée. » Les matchs qui ont eu lieu avant, oui, je sais, parce que je les ai regardés de façon neutre, mais là…

Le problème, c'est que moi, en tant que joueur, je n'ai plus qu'un choix, être d'accord avec le scénario prévu, et là on me considère comme humble si je suis d'accord avec ledit scénario, ou arrogant si je le contredis. Mais les médias ont le dernier mot et un pouvoir colossal : charger le joueur (en positif ou en négatif).

Et au final, plus personne ne regarde le match avec un regard neutre.

Donc, pardon, mais elle où l'humilité de ceux qui savent ? ou qui croient savoir ? Moi on me demande d'être humble, et de coller au scénario que vous avez écrit pour moi, mais vous, qui savez tout, qui pouvez écrire ce que vous voulez, en quoi consiste votre humilité, au juste ?

Tout ça pour dire qu'un joueur de tennis ne peut pas non plus s'excuser toute la journée d'être sur le court. Parce qu'à force de s'excuser, il finira par penser qu'il n'a rien à y faire.

J'en reviens à cette distinction entre passé, présent et futur dans l'appréhension de l'humilité : je peux être très arrogant concernant le passé parce que je sais comment les choses ont tourné. Je les ai vues. Le futur, en revanche…

Résumons. Le résultat est connu. Tout le monde parle sur l'avenir, alors que personne n'en sait rien. Pour moi, le point fondamental, c'est que tout le monde oublie le présent. Pourtant, le sport, c'est l'instant. Une performance n'est belle que dans l'instant.

Faites l'exercice, regardez avec le recul un match que vous avez déjà vu, la plupart du temps, vous vous rendrez compte que vos souvenirs ont enjolivé le match. Parce que quand vous l'avez vu, chaque seconde était précieuse, chaque service, chaque échange. Vous étiez à fond dedans. Un match de foot, quand on sait qu'il y a eu 0-0, les 90 minutes nous semblent interminables !

En gros, il y a le truc qu'on a vécu, et le truc qu'on n'a pas vu. Là je prends l'exemple du gars qui s'enregistre le match de foot et qui ne veut surtout pas qu'on lui dise le score, parce qu'une fois qu'il a le résultat, il ne verra plus le match de la même façon. Certes il pourra encore être objectif sur la qualité du match, mais il sera déconnecté de toute émotion.

Moi, la victoire de Noah à Roland-Garros, je ne l'ai pas vécue. Je n'étais même pas né. En revanche, j'ai vu celle des Bleus en 1998. Dans le regard rétrospectif que je porte sur ces deux succès, ça change tout. On parle souvent des matchs entre le Suédois Björn Borg et l'Américain John McEnroe au début des années quatre-vingt : je ne les ai pas vécus et par ailleurs, je connais le résultat, ce qui casse cette indécision qui est la raison d'être du sport. Pour lire le futur, on utilise le passé, mais un passé subjectif, construit dans notre cerveau. Ce n'est pas objectif. Et donc on oublie le présent.

Alors oui, le présent n'est pas facile à lire. Surtout pour un commentateur dont le boulot est de faire vivre le match en y mettant une énergie.

Le plus important, c'est le présent. Ce qui se passe là, sous nos yeux. Pas ce qui s'est passé avant. Pas ce qui se passera après. Dans le tennis, on essaie de trouver qui aura raison en s'appuyant sur le passé, c'est devenu ça le grand jeu, en faisant limite abstraction de ce qui se passe sous nos yeux, alors qu'il n'y a que ça qui devrait nous intéresser.

Il faut arrêter de vivre dans le passé, d'autant qu'on s'appuie souvent sur des vérités qui sont fausses (comme l'exemple de mon match contre Djokovic à Melbourne), ça crée un décalage et on passe à côté de tout. Il ne faut pas regarder un match en voulant qu'il colle à un scénario qu'on a écrit au préalable. Bien sûr, les spectateurs laissent ce discours infuser, c'est compréhensible, et donc ça déteint sur tout le monde. À Monte-Carlo, parce que Djokovic était supposé être moins fort, même mon entourage m'a dit « allez, cette fois tu peux le faire », manière de dire qu'à Melbourne, je n'avais même pas le droit d'y croire.

Les gens croient les conneries racontées dans les médias. Je trouve ça dommage. Il faut que ça change ! C'est pour ça qu'on est dans un pays qui comprend mal le tennis.

J'ai volontairement pris l'exemple de Nadal pour illustrer les propos du joueur qui débite un discours préfabriqué : même quand il affronte Gianni Mina, 600e mondial, au premier tour à Roland-Garros, l'Espagnol ne se met jamais dans la peau du favori. La vérité est que Nadal est un joueur d'une incroyable humilité. Seulement, celle-ci n'a rien à voir avec ses déclarations de conférences de presse.

Pour illustrer mon propos, j'ai en tête un exemple précis. En mars 2016, au tournoi d'Indian Wells, Nadal l'emporte contre l'Allemand Alexander

Zverev en huitième de finale (6-7/6-0/7-5). Zverev rate une volée facile sur balle de match en sa faveur, alors que s'il la met là où il doit la mettre, le match est fini. Mais il la met dans le filet. Nadal se fait accrocher comme ce n'est pas possible par un joueur qui a dix ans de moins que lui, un type marketé comme le chef de file de la « nouvelle génération » (ça a été vendu comme ça) et juste après la balle de match, l'Espagnol saute partout comme s'il n'avait jamais été aussi heureux de gagner un match de tennis de toute sa vie, il est comme un gosse. À aucun moment il ne s'est dit que c'était normal de battre ce petit jeune, malgré tous les trophées exposés dans son musée à Majorque.

Cette réaction est en décalage et à contre-courant de tout ce qui pouvait se raconter à ce moment-là. À la fin, Rafa donne l'impression qu'il a fait une prestation hors du commun, ça c'est une vraie preuve d'humilité quand tu as un palmarès comme le sien. Croyez-moi, ils sont rares les joueurs du circuit qui ont cette réaction-là quand ils se font accrocher par un joueur supposément beaucoup moins fort qu'eux. Tout le monde n'en est pas capable.

Mais ne me dites pas que Rafa est humble parce qu'il dit en conférence de presse qu'il n'est pas favori au premier tour de Roland-Garros. Son humilité, elle se voit sur le court, comme lors de ce match contre Zverev. C'est ça l'humilité : être dans le présent, malgré le palmarès. Combien Nadal a-t-il disputé de quarts de finale à Indian Wells ? Si ça ne lui est pas arrivé dix fois… Eh bien il s'en fichait. Il était comme un gamin. Elle est là son humilité, dans sa capacité à toujours repartir de zéro, pas dans les phrases qu'il fait avant et après les matchs.

7

LE BOUT DE LA LOGIQUE

Dans le tennis français (mais on pourrait généraliser au sport dans sa globalité), on anticipe les critiques pour s'en affranchir. On prête beaucoup trop d'attention à ce que les autres pensent, ou vont penser. Je comprends tout à fait, c'est un réflexe humain, on n'aime pas être contredit ou attaqué. Pourquoi ? Parce que cela reviendrait à mettre en cause notre place au sein de la société. On ne veut pas être isolé, ostracisé. Donc il est très difficile de sortir du cadre, à moins d'être prêt à en payer le prix fort.

Là encore, permettez-moi de prendre un exemple concret pour bien me faire comprendre : le cas d'une sélection d'un joueur au détriment d'un autre en Coupe Davis.

Il se trouve qu'en France, on a souvent le choix entre de nombreux joueurs. Contrairement à la

Serbie ou à la Grande-Bretagne qui construisent leur équipe autour d'un joueur dominant, à savoir Novak Djokovic et Andy Murray, l'équipe de France a cinq ou six joueurs à sa disposition. Or, ceux qui ont eu l'équipe en main ces dernières années ont toujours cherché à hiérarchiser cette équipe indépendamment de l'adversaire : Jo-Wilfried Tsonga d'abord, Gaël Monfils ensuite…

Il faut bien comprendre que quand Guy Forget était joueur de Coupe Davis, il disputait à la fois le simple et le double, c'est ça le schéma qu'il a connu. Donc je comprends qu'il veuille le répéter. C'est sans doute la raison pour laquelle, quand il est devenu capitaine, il voulait toujours s'appuyer sur un numéro 1 très fort, et qu'il était donc normal de tout mettre en œuvre pour que ce numéro 1 soit dans les meilleures dispositions possible, son bien-être passant alors avant celui des autres. Donc dans sa vision de l'équipe, le numéro 5, qui a priori ne jouera pas, doit juste se taire, pour ne pas gêner ceux qui jouent. Le problème étant qu'avec nous, il a changé de numéro 1 à chaque fois. La plupart du temps, c'était Jo, mais les fois où il était blessé ou qu'il ne pouvait pas jouer, Guy a dû changer de leader. En mars 2011, j'étais 30e mondial. Lors du huitième de finale contre l'Autriche, je suis numéro 1 de l'équipe, et la rencontre suivante contre l'Allemagne en juillet, alors que je suis monté à la 18e place mondiale, je suis numéro 5 de l'équipe.

Quand je suis numéro 1, tout le monde est aux petits soins avec moi, et quand je suis numéro 5, c'est à peine si on m'octroie un créneau pour que je puisse m'entraîner. Donc il y a un moment où je suis important, et un moment où je ne compte pas. Le regard sur moi n'est plus le même, alors que moi, je suis la même personne.

Forget voulait faire comme si on était en Serbie ou au Royaume-Uni, il a voulu s'appuyer sur un modèle avec un leader fort, sauf que ce n'était pas applicable chez nous. Ça aurait pu dans les faits, parce que Jo était plus fort que nous, mais à mon sens, c'était une énorme erreur de hiérarchiser comme ça, de façon verticale. Alors qu'on aurait pu bosser de façon horizontale, en prenant le groupe de quatre qu'on formait, Jo, Gaël, Richard et moi, et ça se serait très bien passé car on s'entend très bien. En faisant comme ça, je suis même persuadé qu'on aurait gagné plus de titres de Coupe Davis.

Je ne dis pas qu'avoir un numéro 1 sur une saison et ne plus en bouger est mauvais en soi. Ce n'est ni juste, ni injuste. Là encore, le problème, c'est le discours qui accompagne ce choix. On te dit : « À chaque fois qu'on a gagné, on a fait comme ça. » Certes, mais c'est aussi parce qu'on n'a pas essayé de faire autrement. On a quatre joueurs qui pourraient constituer potentiellement l'équipe la plus forte en termes d'équilibre, mais comme ces quatre mecs ne veulent pas coller au schéma, alors on ne s'adapte pas, et au final ça ne marche pas. Ils ne savent pas gérer, ça les emmerde de faire autrement. C'est le cadre qu'on veut avoir, c'est le cadre qu'on a toujours eu. On ne veut pas en changer. La Russie gagne autrement : les mecs se rassemblent le mercredi pour jouer le jeudi et c'est plié. La Suisse gagne autrement. Et l'Espagne aussi gagne autrement. Mais nous, on ne change pas.

Revenons au conditionnement médiatique.

Je dois parler du cas de la finale contre la Serbie en 2010, parce qu'il est très révélateur de ce discours.

Je sortais d'une saison compliquée. Les six premiers mois de l'année à soigner une blessure au genou, des absences entrecoupées de défaites au premier tour. Puis j'ai repris mi-juin au tournoi d'Eastbourne, une semaine avant le début de Wimbledon. J'ai terminé l'année à la 41e place mondiale, mais en ne jouant que six mois. Michaël Llodra, lui, a bouclé sa saison 2010 à la 23e place. Llodra a été exceptionnel cette saison-là en Coupe Davis : six points gagnés, simple et double confondus, contre l'Espagne en quart (victoire contre Fernando Verdasco qui était alors 10e mondial) et l'Argentine en demi-finale (victoire contre Juan Mónaco). Ses succès en Coupe Davis l'ont mis dans la lumière. Il faut bien comprendre qu'en France, hormis Roland-Garros et la Coupe Davis, le tennis n'est pas vraiment mis à l'honneur, donc pour un joueur, les apparitions en Coupe Davis, sous les yeux du public français, ont un impact médiatique énorme, très supérieur à un bon parcours dans n'importe quel autre tournoi du circuit.

À Belgrade, Gaël s'impose en trois sets contre Tipsarević. Je joue ensuite en simple face à Djokovic, premier match de sa série de 44 victoires d'affilée, qui prendra fin contre Federer en demi-finale à Roland-Garros six mois plus tard. Je perds en trois sets (6-3/6-1/7-5) tout en me sentant bien sur le court. Le soir du premier jour, le capitaine, Guy Forget, me tient le discours suivant : « Je ne te cache pas que ton week-end a de grandes chances d'être terminé. » Moi ça m'a bien miné, forcément. Au point que, quand mes parents me demandent si je vais jouer le dimanche pour le dernier simple, je leur dis qu'il y a peu de chances, et qu'au-delà de ça même moi je ne suis pas sûr d'avoir envie d'y aller. Parce que le discours de Guy m'avait fait me sentir mauvais. Il avait détruit ma confiance.

Mais le samedi, je vois le double, et je change d'attitude. Michaël Llodra et Arnaud Clément remportent la victoire contre Troicki et Zimonjić en cinq sets (3-6/6-7/6-4/7-5/6-4), ce qui nous permet de mener 2-1. Mais je vois un truc. C'est Arnaud qui a porté le double. Et j'ai trouvé Mika fatigué.

De l'extérieur, on peut croire que jouer service-volée supporte un peu d'approximation au niveau physique, que c'est un style qui permet de s'économiser parce que le point est plus court, deux ou trois frappes plutôt que des longs rallyes où patience, construction et manœuvre prennent toute leur place. En réalité, c'est tout le contraire. Athlétiquement, il faut être au top pour jouer en vitesse et terminer à la volée. Dès que tu en mets un peu moins, dès que tu réagis un poil moins vite, tu te retrouves planté en retour de service alors que tu es encore au milieu du court. Et il y a autre chose. Lors de la semaine précédant la finale de Belgrade, c'est la seule fois de la saison où j'ai dominé Mika à l'entraînement alors que toute l'année 2010, ça avait été injouable pour moi face à lui.

Donc je vois la défaite arriver. Et même si je me sens mal par rapport au discours d'après match du vendredi, je me dis que c'est à moi d'y aller. Je le dis à mes parents qui me demandent pourquoi j'ai soudain changé d'avis. Et là je leur explique que la veille j'avais un doute sur moi, mais que le double m'a fait comprendre que c'était faux, que je ne sais pas si je vais gagner, mais que je suis persuadé d'être la meilleure chance pour notre équipe. Et c'est ça que je veux tenter d'expliquer à Guy le soir même.

Je lui fais donc part de mes doutes vis-à-vis de Mika et lui explique que je suis prêt à y aller. Mais j'ai beau lui parler et argumenter, il ne veut rien entendre. Quand je lui ai dit que j'avais trouvé Mika moins fort sur le double, il m'a trouvé un contre-exemple en me disant qu'à la fin il avait quand même réussi à placer deux superbes volées réflexes. Je lui ai dit que physiquement Mika m'avait semblé en dessous, qu'il n'avait jamais joué deux matchs en cinq sets de suite dans sa carrière, il m'a répondu que le staff lui avait certifié que Llodra pouvait jouer cinq heures sans souci le dimanche. Bref, il a réponse à tout à ce moment-là. Il ne m'écoute pas vraiment, j'ai même plutôt l'impression qu'il est venu se donner bonne conscience.

Au bout d'un moment, il me lâche la phrase par laquelle il aurait dû commencer : « Je dois aller au bout de ma logique : je mets Mika. » Là, difficile d'argumenter en retour. Si c'est sa logique… Pas de place pour la discussion.

Moi je pense que cette logique, même si elle peut marcher ponctuellement, est extrêmement limitée. Et c'est ce que je veux dénoncer à travers ce livre. L'idée qu'on ne doit pas se cantonner à une seule logique au prétexte qu'« à chaque fois qu'on a gagné, on a fait comme ça », mais être prêt à en changer, à s'adapter. Encore une fois : être prêt à faire différemment.

Quand Guy m'a dit « Je dois aller au bout de ma logique », voilà le moment où j'ai pris le mur que j'évoquais avant. De quelle « logique » parle-t-on, au juste ? De la logique que j'ai décrite aux chapitres précédents, à savoir qu'il faut aller chercher le point et la victoire, avec un profil de serveur-volleyeur, une logique dans laquelle Guy croit plus que tout. Guy est d'ailleurs l'un des plus grands artisans de la mise en place de ce discours (même si ce discours existait déjà avant lui), il a orienté tout le monde à penser comme lui. C'est lui qui a convaincu tout le monde depuis tant d'années, en interne à la Fédération mais aussi à la télévision en commentant des matchs. Et comme cette logique nous a quand même amenés en finale de Coupe Davis cette année-là, du coup le contexte était contre moi.

Mais au moment de la finale où il aurait pu changer son fusil d'épaule et admettre que Mika n'était pas le meilleur choix, il ne l'a pas fait. Il a été au bout de sa logique, et ça a donné 6-2/6-2/6-3 pour Troicki. C'est d'ailleurs comme ça qu'il s'est justifié après la défaite, quand on lui a demandé pourquoi il m'avait remplacé par Mika : « Llodra a joué six matchs en Coupe Davis et il les a tous gagnés. [...] Il était frais, en forme, sur une surface qu'il aime. Dans mon esprit, c'était notre meilleure chance de gagner ce point. Vous pouvez dire maintenant que je me suis trompé. Mais je ne m'attendais pas à ce que Viktor soit si bon. Je n'avais jamais vu quelqu'un retourner Mika aussi bien que Viktor aujourd'hui. »

Pourtant, la veille, lors du double, Troicki retournait déjà le service de Llodra aussi facilement mais ça, Forget ne l'avait pas vu.

Llodra aligné face à Troicki, c'était donc plus qu'un choix fait par un capitaine de Coupe Davis dont le rôle consiste à trancher. On parle d'un discours que l'on entend de loin en loin dans tout le tennis français, discours qui est monté en puissance les six mois qui ont précédé la finale et qui a fini par créer une forme de conditionnement.

Ça a participé à la tendance expliquant sa sélection devant Troicki, bien sûr. Mais je reste convaincu que ce n'est pas la seule raison. Je lisais – et j'entendais partout, y compris dans les loges et les allées des tournois – que Mika était le joueur de la situation parce qu'il pratiquait un tennis offensif, conquérant. Un style qui, dans les moments tendus, ferait basculer la victoire dans le camp tricolore. Parce que, c'est bien connu, le passing-shot est un coup plus difficile à réaliser que les autres quand le point est important et le joueur sous pression.

Sauf qu'en finale, Llodra en a pris des dizaines et des dizaines, de passings. Et Troicki les tirait somme toute tranquillement. Quelle tension ? Moi, je suis plus tendu quand je monte au filet que quand je dois tirer un passing. Pour la bonne raison que le passing est dans ma propre « filière », contrairement à la volée. Chez les joueurs, la tension est relative : à son jeu, à sa personnalité, au moment du match aussi.

Est-ce que Gaël Monfils se crispe quand il doit frapper un passing ? Non. Aucune raison pour cela d'ailleurs, puisqu'il n'en manque pas un. Et Rafael Nadal ? Il ne les rate pas non plus. Lors du dernier match de cette finale 2010, à 6-2/6-2/4-3 pour Troicki, j'ai entendu quelqu'un dire dans les gradins : « Il faut garder confiance, Troicki va se tendre. » Deux sets d'avance plus un break : mais pourquoi voudrait-on qu'il se tende ? Deux jeux plus tard, la Serbie repartait avec la victoire. Grâce à un joueur, Troicki, que j'avais toujours battu jusqu'ici : cinq victoires pour autant de matchs. En fait, Troicki ne m'avait même pas encore pris un set.

On raisonne en termes de valeur absolue, alors que la variété des joueurs dont on dispose pourrait permettre de raisonner en valeur relative, c'est-à-dire de façon circonstanciée, en fonction de l'adversaire. On affronte le Japon, tenu à bout de bras par Kei Nishikori, 5e mondial ? On aligne Richard Gasquet face à lui, parce qu'il mène huit à trois dans ses confrontations directes face à Nishikori. Personnellement, je préfère cinquante fois affronter Gaël Monfils que Mika Llodra, alors qu'objectivement Gaël est plus fort que Mika, contre lequel je connais d'immenses difficultés. Pour reprendre l'exemple de la Coupe Davis, ça me rend fou de ne pas avoir joué contre Troicki à Belgrade. Mais je n'aurais rien eu à faire sur le court contre un joueur comme le Russe Mikhaïl Youzhny. Parce qu'il m'a battu sept fois sur sept.

Alors pourquoi raisonne-t-on en valeur absolue plutôt qu'en valeur relative ? Tout simplement parce qu'en faisant comme ça, on se couvre médiatiquement.

C'est une évidence, Forget et moi ne voyons pas le tennis de la même façon. Ce n'est pas une question de méthode et ce n'est pas non plus une question de communication. Ce qui nous sépare est une affaire de fond.

Je me souviens d'une conversation que j'ai eue avec lui alors qu'il essayait de me pousser à prendre l'initiative et à monter au filet : « Quand tu as battu Nadal à Madrid en 2008, tu es monté à la volée sur la balle de match, et du coup il a forcé sur son passing et il a sorti sa balle. » Ce schéma de jeu résumait ma victoire à ses yeux. C'est très révélateur. C'était un match de 3 h 30 avec des rallyes de dingue, et lui a voulu retenir, encore une fois, ce qui va dans sa logique. Pas tous les autres points du match qui ne rentraient pas dans son cadre.

Le tennis est une question de sensibilité. J'ai beaucoup plus de facilité à comprendre la démarche de Gaël Monfils ou de Richard Gasquet, qui aiment jouer loin derrière la ligne de fond de court et qui font jouer l'adversaire, que celle de Lucas Pouille, qui frappe en prenant énormément de risques. Quand il fait des fautes, j'ai envie de lui dire de se calmer, de mettre plus de sécurité dans son jeu. Mais je suis bien le premier à savoir que s'il écoutait ce conseil-là, ce serait terrible pour lui, parce que ce n'est pas son jeu.

J'ai acquis la conviction que le tennis est beaucoup plus subtil qu'un simple rapport de force basé sur le classement comparé de tel ou tel joueur rapporté à la surface.

Quand Forget m'a remplacé par Mika contre la Serbie, c'est quelque chose que j'ai pour ainsi dire accepté. Et intériorisé. J'ai fini par croire ce qu'on me disait. Je pourrais même peut-être le dire aussi. Llodra est fort, je suis en dessous : voilà ce que l'on me répète tous les trois mois, à chaque rassemblement de l'équipe de France de Coupe Davis.

Je n'ai pas confiance en moi. J'en ai fait part à mes proches. J'ai découvert la Coupe Davis en 2009. Lors de cette campagne 2010, je ne suis rentré dans l'équipe qu'après avoir soigné ma blessure, en juillet, lors du quart de finale face à l'Espagne : je suis là pour écouter et rentrer dans le cadre, j'étais plein de bonne volonté, mais au bout d'un moment… j'ai lâché l'affaire.

Tout ceci pour dire que je ne me suis pas battu coûte que coûte pour jouer la finale à la place de Mika. Je voulais convaincre Guy, mais je n'étais pas prêt à aller jusqu'au clash. Je gardais mes impressions pour moi. Et je rentrais des semaines de Coupe Davis en déprime totale. Ce n'était pas lié à la défaite. Les joueurs marchent en permanence avec la défaite : sauf à gagner le tournoi où ils sont engagés, ils perdent toutes les semaines. Mais là, dans le cadre de la Coupe Davis, ça va plus loin. Je me sens déconsidéré. Cette défiance contamine même le regard que je porte sur moi-même. Il y a des dégâts.

Un joueur de tennis a des doutes tout au long de l'année. Normalement, l'entourage est là pour essayer d'atténuer ce doute. Mais quand tes doutes sont exacerbés par le doute de tes proches, des médias, du public, là ça devient ingérable et il est très compliqué de performer dans ces conditions-là.

8

Accepter la peur

« Les joueurs français n'ont pas de mental. »

Ah, cette phrase, je ne compte plus le nombre de fois où je l'ai entendue… Vous-même qui lisez ces lignes, vous l'avez sans doute entendue, voire pensée. Avouez qu'elle est un peu implacable, non ? Comme si c'était une fatalité et qu'on ne pouvait rien y faire. Mais admettons. Ça laisse deux possibilités. Ou bien les joueurs de tennis sont tous frappés dans l'Hexagone par une sorte de maladie : la faiblesse mentale. Ou bien c'est culturel, ça fait partie de ton chemin de joueur français. Le problème, c'est que ce discours s'ancre durablement et profondément chez les joueurs.

Je ferais le parallèle avec les joueurs du PSG qui entendent depuis quelques années le discours qui consiste à dire : « En Ligue des champions, ça coince. » Ou les joueurs de l'équipe de France de foot qui ont entendu toute leur vie : « À la fin, c'est l'Allemagne qui gagne. » Si tu es dans les arrêts de jeu contre l'Allemagne, tu vas y penser. Et la phrase va revenir en boomerang dans ta tête. On sous-estime l'importance de ces phrases-là sur le mental. Parce qu'à un moment, elles vont te venir en tête. Forcément. Et cette pensée tombera toujours au même moment : celui où ta conviction va faillir un petit peu.

Ce n'est pas la même chose si tu as entendu tout le temps « tu vas y arriver » plutôt que « attention à la *remontada* ». Ça se joue à très peu de chose. Mais le plus dur, c'est de faire sauter ce verrou. Le jour où le PSG gagnera la Ligue des champions, on ne parlera plus du tout de tout ça. Ce discours a plus d'importance que ce que tout le monde veut bien reconnaître. Il faudrait absolument arrêter de le perpétuer. Si c'était ton enfant, tu lui dirais de ne pas écouter les conneries que tout le monde raconte, qu'il a sa chance, qu'il faut y croire, etc. On en revient à la situation d'un contexte général, d'une mise en scène qu'on essaie de nous imposer.

En France, on apprend à un joueur dès le plus jeune âge que le tennis se construit sur trois piliers : la technique, le physique, et le mental.

Le physique, c'est facile de voir la progression d'un joueur (il court plus vite, il saute plus loin, il pousse plus fort en développé, etc.).

La technique, c'est déjà beaucoup plus dur.

Mais le physique et la technique, on a accepté de les travailler. Et ce depuis le plus jeune âge.

Le mental, c'est une autre affaire. On ne travaille pas le mental, puisqu'il est censé être inné, et c'est bien connu, les joueurs français n'ont pas de mental. J'en veux pour preuve cette autre sentence qui tombe dès qu'un joueur a le bras qui tremble : « Lui, c'est un mouilleur. » Et là c'est terminé, on l'a catalogué.

Ces deux phrases, « Les joueurs français n'ont pas de mental » et « Lui, c'est un mouilleur », ne laissent pas de place à la discussion. Et ce sont les deux postulats de base qui nous accompagnent en grandissant. Il ne faut pas être un mouilleur pour ne pas rentrer dans la catégorie du joueur qui n'a pas de mental.

Or je pense que le mental, ça se travaille. Et qu'il faut le faire dès le plus jeune âge.

Moi, je ne l'ai pas travaillé avant 26 ans. Toute ma vie, j'ai entendu la chose suivante : « Le mental, c'est inné. Tu l'as ou pas. » Ou encore : « Ce gars-là n'y arrivera pas parce qu'il n'a pas de mental », « On ne peut rien faire pour lui, il perd ses moyens en match », etc. Je veux absolument insister sur un point : un entraîneur qui sort la phrase « Celui-là, il joue bien au tennis mais il n'a pas le mental pour passer », il doit prendre dix ans sans coacher. Ni de près, ni de loin.

Parce qu'il n'y a pas de place pour la discussion : le jugement est tombé, le gamin a une étiquette et plus jamais il ne pourra l'enlever. Il n'y a pourtant pas de vérité qui vaudrait indéfiniment.

Si on voit un joueur faible physiquement, il n'y aura pas ce côté irrévocable. On va l'envoyer faire des footings, lui construire un programme d'entraînement sur mesure. Ça, on sait faire. Mentalement, on ne sait pas faire.

Avant tout, il faut définir ce qu'on entend par « mental » et pourquoi il faut le travailler dès le plus jeune âge.

Appliqué au tennis, pour moi, le mental, c'est ceci : ta capacité à jouer juste selon tes dispositions psychologiques du moment.

Ce n'est pas que tu n'as pas peur, c'est que tu sais gérer cette peur, et adapter tes coups en fonction. Nadal, quand il est tendu, il envoie des gros lifts en diagonale, parce que c'est ça qu'il fait de mieux dans cette circonstance, c'est ce qui est juste pour lui.

Un joueur peut avoir la meilleure technique du monde ou les coups les plus lourds, être dans la forme physique de sa vie, s'il est en perdition, il ne peut plus rien faire. Il n'a plus sa technique, ses coups ne pèsent rien. Parce qu'il faut bien comprendre qu'un joueur de tennis vit parfois avec le stress et la peur, ce sentiment bizarre de ne pas savoir quoi faire. Tous les joueurs savent ce que c'est. Ce moment où tu as l'impression que le court est tout petit, que ton adversaire est partout, que tu ne sais plus servir, etc. Tu es à court de solution. Et tu gamberges. Tes pensées t'échappent. Tu sors de ton match.

Certains sont mieux armés pour négocier ces situations de stress. Tout le monde n'est pas égal devant le moment où il faut, par exemple, passer un entretien à l'oral. Certains sont à l'aise. D'autres non : ils peuvent s'améliorer en travaillant leur expression parlée.

À mes yeux, il en va du mental comme pour la technique ou le physique. Il y a des choses qu'on gère mieux que d'autres. De la même façon qu'on va être plus à l'aise côté coup droit que côté revers, ou plus endurant mais pas forcément rapide, etc. Il y a certaines situations qu'on va mieux appréhender que d'autres. Exemple, tu commences un match en perdant ton jeu de service : il y en a qui ne s'en remettent pas, d'autres qui paniquent, et d'autres qui ne s'en font pas une montagne.

Le terme « mental » recouvre aussi beaucoup de réalités différentes. Ce n'est pas binaire, du genre « il est fort mentalement » ou « il n'a pas de mental ».

Encore une fois, il faut bien garder à l'esprit que quoi qu'il arrive, à un moment ou à un autre, tu auras peur.

On peut illustrer ce propos avec un joueur de foot qui, seul devant le but vide, prend le ballon avec la malléole et manque le cadre. Tout le monde se dit : « Celle-là, même moi, je la mettrais. » Mais personne n'était à la place du joueur qui a pris le ballon avec la malléole.

Prenons l'exemple d'une situation de stress. C'est quand tu fais les choses consciemment que tu les fais moins bien. Observez quelqu'un qui marche sans rien lui dire, puis dites-lui que vous le regardez faire. Sa démarche sera légèrement (ou radicalement) différente, parce qu'il fera attention à sa façon de marcher car il sait que vous l'observez. Contrairement à ce qu'on pense, ce n'est pas en disant « applique-toi » qu'on va mieux le faire. Quand tu fais les choses consciemment, tu fais tout au ralenti et donc tu fais tout un peu moins bien.

Autre exemple, celui de l'examen du permis de conduire. Tu sais que tu sais conduire. Seulement voilà : tu sais aussi que là, tu es jugé. Si l'examen se passe bien dans les premières minutes, tu vas te détendre et avoir l'esprit plus tranquille : tu seras à ton meilleur. Mais si, d'entrée, un piéton surgit de nulle part et te fait piler, là tu vas te crisper. Et te dire que tu vas louper ton examen, alors même que tu es en train de le passer.

Eh bien au tennis, c'est exactement pareil. Si au début un truc te fait douter, dans ta tête tu vas te faire un film, te dire que tu vas perdre. Parfois quand tu commences à bloquer sur tel ou tel geste, là tu peux avoir l'impression que tu ne sais plus le faire, l'exemple le plus parlant étant celui du service : comme c'est le seul coup arrêté, celui où tu as le plus de temps avant l'exécution, c'est celui que tu fais le plus consciemment.

La peur t'amène à faire les choses consciemment. Et il faut bien comprendre que quand on fait les choses consciemment, on les fait beaucoup moins bien que quand on les fait inconsciemment.

Quand tu es sur un terrain de tennis, c'est pareil, il y a ce que tu sais faire à l'entraînement, et comment tu réagis en match.

Tu repasses le permis, tu as peur, eh ben nous c'est ça à chaque fois, le match, c'est comme un examen, et tu as ta jambe qui tremble au-dessus de l'embrayage. Alors que tu as bien conscience que tu sais faire. Et c'est pour ça que les joueurs ont des routines, pour se rappeler qu'ils savent faire. Dans une voiture, par exemple, la routine ce serait de régler son rétroviseur ou d'ajuster son siège.

L'indicateur du stress du joueur, c'est toujours le coup faible. Quand un joueur a un coup fort, celui-ci peut résister au stress.

Je trouve l'exemple de l'Argentin Guillermo Coria assez révélateur de ce point. Demi-finaliste à Roland-Garros en 2003 et finaliste malheureux (défaite en cinq manches) un an plus tard contre son compatriote Gastón Gaudio, deux tournois qu'il aurait pu gagner haut la main. Du jour au lendemain, sans qu'on comprenne vraiment pourquoi, Coria n'a plus su comment servir, il faisait une vingtaine de doubles fautes par match. Qu'est-ce qui s'est passé ? Dans sa tête, un truc s'est bloqué, et ça s'est répercuté sur son service, qui était le coup qu'il sentait le moins bien.

Le problème, c'est qu'aucun joueur n'en parle publiquement, ce serait s'exposer aux autres et leur donner des clés pour les battre. Cependant, parfois, après une victoire, certains joueurs en parlent. Ce fut le cas de Stan Wawrinka après sa victoire à l'US Open en 2016 contre Novak Djokovic. Le Suisse avait déjà remporté Roland-Garros et l'Open d'Australie et il avait gagné ses dix dernières finales depuis trois ans sur le circuit, donc on parle d'un joueur qui avait déjà une très grosse expérience. Cela ne l'a pas empêché d'avoir été pris par l'émotion et le stress avant le match. Il a déclaré : « Avant la finale, j'étais nerveux comme jamais je ne l'avais été auparavant. Dans le vestiaire, je tremblais. Cinq minutes avant le match, quand Magnus (Norman, son entraîneur) a commencé à me parler, je me suis mis à pleurer. J'étais complètement secoué. [...] J'ai commencé à avoir ce sentiment, celui que tu as quand tu ne veux absolument pas perdre. Venir sur le court pour une finale de Grand Chelem, être si près et si loin à la fois, c'est pour ça que j'étais aussi nerveux. C'est aussi bête que ça. »

Du coup, le début de match de Stan n'a pas été fameux, il s'est fait breaker d'entrée par Novak Djokovic, et rapidement mener 3-0, puis 5-2. Et puis il a réussi à renverser la tendance (6-7/6-4/7-5/6-3). Djokovic a déclaré après le match : « Il a su garder ses nerfs dans les moments importants, et pas moi. » Preuve si besoin était que même Djokovic est sujet au stress.

J'ai également retrouvé une déclaration de Federer qui en parle aussi, avant la finale de Wimbledon 2017, qu'il a remportée contre Marin Čilić. « Quand je suis stressé, mon mouvement est lent, mon pouls s'accélère et mon esprit est inondé d'un million d'idées parasites. Parfois, ça ralentit les jambes, mon pouls s'accélère, la tête commence à tourner, vous avez un million d'idées et vous devez prendre la bonne, mais c'est naturel, c'est même bon signe d'être stressé, ça signifie que ce qu'on fait a de l'importance, ce n'est pas comme si on n'en avait rien à faire. Ça, ce serait un sentiment horrible, pour être honnête. »

Federer nous dit qu'il est tendu, qu'il a les symptômes physiques de la personne tendue et il explique que c'est naturel avant de le retourner à son avantage car « ça signifie que ce que l'on fait a de l'importance ». Il n'avance plus, il n'arrive pas à se concentrer : c'est bon signe. S'il n'avait pas peur, ce serait horrible. C'est dire le chemin accompli par Federer…

Quand ce même Roger Federer a servi lors de la finale de Roland-Garros 2009 pour le gain de la finale face à Robin Söderling, qui peut savoir ce qui s'est passé dans sa tête ? Peut-être qu'il a eu le vertige, peut-être que non, peut-être qu'il l'a eu quelques secondes avant que ce stress ne s'envole. Personne n'en sait rien. Federer n'en a pas parlé cette fois-ci, mais le fait qu'il n'en parle pas ne veut rien dire, et surtout pas qu'il n'a pas eu peur.

Tous les joueurs de tennis, que ce soit un joueur de quatrième série ou un champion comme Nadal, savent qu'à tout moment, une pensée peut surgir dans leur esprit, du type : « J'espère que je ne vais pas faire une double faute, ce n'est vraiment pas le moment » avant de se dire « Mais ne pense pas à ça ! » Cette pensée, on y arrive tous à un moment ou à un autre. Ce qui est important quand ça nous arrive, c'est aussi de se dire que ça arrive à tout le monde, justement. Que c'est « naturel », comme le dit Federer. Quand tu vois un joueur faire trois doubles fautes de suite, tu es content parce que tu te dis que tu n'es pas le seul à qui ça arrive. C'est un peu mesquin, mais c'est vrai. Ça te rassure qu'il mouille aussi. Tout le monde mouille.

Ce qu'il faut bien comprendre, c'est qu'on ne va pas gagner un Grand Chelem (7 matchs en 3 sets gagnants) sans ressentir aucune émotion du début à la fin du tournoi. Il est impossible de traverser le tournoi comme quand tu es à l'entraînement et que tu fais ce que tu veux. C'est complètement utopique. Tu vas forcément connaître des états de stress, et il faudra faire quelque chose, et c'est précisément là que tout se joue.

Quand tu joues à l'entraînement, tu as le meilleur état d'esprit possible, tu fonces parce que tu veux t'entraîner à fond, tu as envie de bien faire, mais tu n'as ni le stress ni la peur, parce que tu sais que ça ne compte pas.

Tu travailles tes coups, ton physique, tu es capable de jouer 5 heures d'affilée et d'enchaîner les entraînements, mais bizarrement, ensuite tu fais un match de 2 heures et tu en sors vidé, complètement mort… Autre exemple, si tu commences le match en allant chercher un amorti, ton cœur va monter à 200, alors que tu n'as fait qu'une course. Comment ça se fait ?

Dans ces cas-là, l'erreur consiste à se dire qu'il faut encore aller s'entraîner (quand bien même tu fais déjà des sessions de 4 heures par jour), alors qu'il faudrait plutôt accepter cette peur et se dire : « Bon, on va travailler ça. » Parce que tu peux t'entraîner autant que tu veux, si tu ne travailles pas cette peur, ça ne changera pas grand-chose…

Automatiquement, un match te génère de la peur, comme un examen du permis de conduire que tu repasserais tous les jours.

Nier cette peur, c'est arriver à une aberration telle que celle-ci :

J'ai souvent entendu des joueurs expliquer préférer prendre un adversaire mieux classé qu'eux sous le prétexte qu'ils n'avaient « rien à perdre ». Sans rire ? Et puis quoi encore ? Parce que c'est sympa, de te prendre Nadal ou Andy Murray sur un court ?

Il faut aller plus loin dans l'analyse : si ces joueurs ou joueuses déclarent publiquement préférer prendre un joueur très bien classé, c'est qu'ils le pensent, c'est-à-dire qu'ils estiment supporter un poids psychologique moins lourd en ayant une sorte de droit à l'erreur. En résumé, ils se donnent le droit de perdre. Ils sont comme libérés d'un poids. Le poids dont Wawrinka parlait avant sa finale contre Djokovic : pour bien jouer et gagner, il faut se donner le droit de perdre.

Mais le fait qu'un joueur programmé pour gagner s'accorde le droit de perdre dans certaines circonstances dit combien ce poids mental est lourd à porter, tellement lourd que l'on préfère prendre Nadal plutôt qu'un 50e mondial puisque le monde extérieur vous accordera le droit d'échouer si c'est l'Espagnol qui est de l'autre côté du filet. Se réjouir de prendre Nadal, c'est a contrario admettre l'importance du poids que l'on porte sur les épaules lors des matchs contre des joueurs ne faisant pas partie des tout premiers mondiaux. Au deuxième tour de Roland-Garros 2016, Mathias Bourgue avait ainsi expliqué qu'il préférait affronter l'Écossais Andy

Murray, numéro 2 mondial, plutôt que le Tchèque Radek Štěpánek et son jeu de service-volée.

Il ne s'est pas dit : « Si Murray tombe, c'est la grosse tête de série de cette partie de tableau qui disparaît, je prends Štěpánek et son jeu offensif plutôt moins efficace sur terre battue que sur d'autres surfaces, j'ai un coup à jouer, etc. » Il s'est dit : « Face à Murray, les gens m'accordent le droit de perdre. » En clair, il a préféré avoir peu de chances de gagner (contre Murray) que d'en avoir beaucoup plus (contre Štěpánek). Ça révèle bien la pression qui peut exister sur un terrain de tennis. Comme Bourgue avait envie de jouer contre Murray, il a fait un super match (défaite 2-6/6-2/6-4/2-6/3-6) et intégré de plein droit une catégorie pour laquelle le public français garde un faible : celle des perdants magnifiques. Le fin du fin.

J'ai constaté qu'on préfère perdre avec la classe plutôt que gagner en jouant « moche ».

J'ai déjà évoqué le huitième de finale de l'Open d'Australie 2016, où je perds en quatre heures et quarante-cinq minutes et cinq manches (6-3/6-7/6-4/4-6/6-3) devant Novak Djokovic, futur vainqueur du tournoi. Après le match, on m'a expliqué que c'était bien puisque j'avais mieux tenu que Nishikori en quart de finale (battu en trois manches) et Roger Federer en demi (battu en quatre manches) en fin de tournoi. En gros, il y en eut pour considérer qu'une défaite, dans le tennis, c'est une victoire. Ou que c'est parfois une victoire.

Je sais que l'on peut apprendre d'une défaite, qu'elle soit épique ou non d'ailleurs, mais un joueur de tennis est là pour gagner les matchs et non pour les perdre. Quand tu sors du tournoi, tu fais ton sac. Tu réserves ton vol du retour. Tu quittes l'hôtel. Je ne vois pas la différence entre perdre contre un cador du circuit ou un joueur moins bien classé. Les mecs forts, tu les joueras bien assez tôt, et le plus tard sera le mieux. Si tu les prends rapidement dans le tableau et que tu perds contre eux, tu as tôt fait de retrouver le circuit des tournois Challenger, voilà la réalité.

Et pour en revenir à Mathias Bourgue et à son match contre Murray, quand bien même il l'aurait gagné, au tour suivant, la peur serait revenue… C'est ainsi qu'on assiste souvent à des exploits en Grand Chelem qui ne sont pas confirmés au tour suivant.

Ne pas pouvoir exprimer sa peur, c'est terrible. Et incompréhensible : si un gosse a peur, on l'écoute, mais si ce même gosse joue au tennis et qu'il a peur sur un court, on ne veut pas en entendre parler. On t'explique que tu dois être un tueur, toi tu joues le jeu, ton entraîneur est content de ta réponse et hop, tu refermes le chapitre pour passer à autre chose en bossant tes appuis en coup droit long de ligne.

Tout comme pour la technique ou le physique, moi je pense que c'est pareil en mental, tu as des points forts et des points faibles, il y a des choses que tu vas travailler. Tu as des trucs innés, c'est vrai. Il y a des situations où on va être très bon naturellement : parler en public, gérer une situation particulière, une phobie, etc. Le problème, c'est qu'à partir du moment où le mental est nié, et à partir du moment où tu ne peux pas en parler, si tu nies l'impact du mental sur ton physique et ta technique et que tu as des schémas de jeu trop ambitieux par rapport à ton état, alors tu n'as aucune chance de gagner.

Tu auras toujours ce décalage entre ce que tu ressens, la peur, le stress, et ce qu'on t'a dit de faire, à savoir un revers gagnant long de ligne dans la lucarne à un moment où tu ne te sens pas capable de le réaliser.

C'est justement dans ces moments-là qu'il faut savoir « jouer juste », c'est-à-dire faire le bon coup, au bon moment, au bon endroit. Le « jouer juste », il dépend vraiment de ça, de « qu'est-ce que je suis capable de faire à ce moment-là ».

Voilà ce qui résume parfaitement le mental à mes yeux.

Si tu n'as pas identifié la question « Qu'est-ce qui tient dans mon jeu quand je suis sous pression ? », c'est perdu.

Benoît Paire sent tellement bien son revers qu'il arrive toujours à le mettre quasiment où il veut, son revers peut traverser des tempêtes. Dans sa tête, il sait qu'il est fort côté revers quoi qu'il arrive. Mais en coup droit, ça va lâcher parce qu'il sait être plus friable de ce côté. Pour autant, on ne peut pas dire que Paire est fort mentalement en revers et faible en coup droit. C'est le même joueur.

C'est dans les moments difficiles que tu vois la nature des mecs. Le travail mental relève d'une démarche d'humilité. Tu peux mentir à la presse ou à qui tu veux, mais tu ne peux pas te mentir à toi-même.

La priorité, c'est donc d'accepter cette peur.

Au moment où tu as un peu de mal à rester concentré, où tu te poses la moindre question parce qu'un élément, peu importe lequel, vient te perturber, tout te revient en tête et tu peux te laisser bouffer. Exemple, un bruit autour du terrain. Avant tu ne l'entendais pas car tu étais concentré, mais d'un coup tu ne penses plus qu'à ça. C'est ce qu'on appelle sortir de son match.

Ce qui est essentiel, c'est de savoir comment tu as envie de jouer, ce qui te fait plaisir, quels sont tes points forts et tes points faibles.

Ça nous conduit à une idée à laquelle je tiens beaucoup : il n'y a pas de mauvaise manière de jouer au tennis. C'est une idée fondamentale. Si tu te sens à l'aise en jouant trois mètres derrière ta ligne de fond, eh ben vas-y, fais-le !

J'aurais aimé qu'on me dise : « OK tu as peur, on va réfléchir à ce qu'on fait. » Oui j'ai peur et il faut que je fasse quelque chose, mais je ne m'en sens pas tout le temps capable.

L'estime de soi est alors vitale. Si tu te dis « j'ai peur, je mouille, donc je suis une merde » parce que c'est ce qu'on t'a mis dans la tête, alors tu ne pourras pas y arriver. La vérité, c'est que tu devrais te dire comme Federer « J'ai peur, je mouille, mais c'est NORMAL », et je dirai même que c'est bon signe.

Pour le coup, chez les filles on a accepté ça, on accepte le fait qu'elles aient des émotions, alors certes on le dit d'une manière négative, un peu péjorative, « Ah tu sais les filles, avec les émotions c'est différent », ça c'est une phrase que j'ai entendue au moins deux cents fois dans ma vie, et je sais pas ce que ça veut dire, ou en tout cas ça veut dire que nous les hommes on n'en a pas, des émotions. Alors que c'est bien évidemment faux.

Donc les filles ont le droit d'avoir des émotions, et ça, ça change tout, puisque c'est le postulat de base. Après, de là à ce que les joueuses françaises aient gagné des titres du Grand Chelem justement parce qu'elles ont le droit d'en parler et pas les garçons…

Tout ça pour expliquer que le plan qui consiste à dire « on va jouer en avançant quoi qu'il arrive, parce que de base on n'a pas peur, on est en confiance et tout va marcher », c'est du vent. Quand on sera en confiance, oui on va tous avancer et pouvoir appliquer le discours général et jouer comme Federer, tu n'auras même pas besoin de nous le dire. MAIS le problème, c'est quand on va obliger un joueur à le faire au moment où il a peur, là ça ne va plus du tout marcher. Pire, si le joueur n'est pas capable de l'appliquer, on va lui dire que c'est un mouilleur. C'est la raison pour laquelle ce plan de base, il faut qu'on le foute à la poubelle.

Il est évident que si on nous demande de faire des demi-volées dans la lucarne à tout moment et qu'on n'en est pas capable, on va jamais aller bien loin. Il y aura toujours le décalage entre ce qui est dit et ce qu'on ressent. Attention, je ne dis pas que le discours est pensé à mal. On parle d'une idéologie très présente, et je n'accuse personne, ça fait des décennies que ce discours est là et il y a eu une quantité de gens très différents à la tête des équipes techniques pour l'assumer.

C'est juste que des mecs se sont dit « le tennis ça devrait se jouer comme ça » mais quand on va au bout de cette logique, on va vers la défaite, et le palmarès est là pour nous le rappeler. C'est le bout de la logique dont j'ai parlé au chapitre précédent. Et pourtant c'est ce qu'on fait. Encore et encore.

Dans le bon ordre, c'est seulement quand tu te connais que tu peux jouer juste (attention, jouer juste, j'entends pour toi, pas jouer comme Federer !), et quand tu sens que tu joues juste, tu le fais avec conviction, et alors là, et seulement là, tu peux gagner.

J'en viens donc au préalable de tout travail mental : l'acceptation. J'accepte la peur, ou plutôt le fait d'avoir peur. C'est fondamental. Je ne suis pas le représentant de la lose à la française ou je ne sais pas quoi : je suis moi, un cas particulier. Et j'ai peur. Mais je vais travailler ça.

Mon constat, c'est donc qu'il faut parfaitement se connaître avant toute chose. Sans ça impossible de gagner.

C'est là où le travail mental commence.

Je découperai donc ce travail en trois étapes primordiales :

1. Accepter cette peur.
2. Apprendre à se connaître.
3. Se concentrer sur ce qu'on a à faire, acquérir la conviction que ce qu'on fait est juste.

9

Apprendre à se connaître

Une fois la peur acceptée, il faut donc se connaître, c'est-à-dire être en mesure de se définir en tant que joueur. Qu'est-ce que j'aime faire ? Quels sont mes schémas favoris ? Ceux qui me gênent ? Quelle est la filière de jeu dans laquelle je suis le plus à l'aise ?

Depuis des décennies, on a dépeint un idéal de joueur illustré à la perfection par Roger Federer : tu prends la balle tôt, tu te débrouilles pour prendre l'initiative et créer du jeu. Et tout ça, tu le fais sans avoir peur parce que Federer n'a pas peur : il en donne du moins l'impression.

Mais que se passe-t-il si le joueur ne se sent pas de faire un point gagnant mais préfère frapper vingt coups de suite pour faire le point ? Il n'intéresse personne. Et on le lui fait bien sentir. Ce discours est pernicieux. Si tu sens qu'il faut renvoyer la balle vingt fois de suite dans le cours plutôt que d'envoyer un missile, c'est que tu as identifié que c'était la chose juste à faire. Or, on t'explique que tu agis ainsi par défaut, et que lorsque le niveau s'élèvera, tu ne pourras plus compter sur la faute de l'autre. C'est faux : Murray ou Nadal comptent sur la faute de l'autre.

J'ai entendu pendant dix ans que Monfils jouait trop loin derrière sa ligne de fond de court. Gaël joue très loin de sa ligne, c'est vrai. Mais pourquoi trop loin ? Monfils est un défenseur dans l'âme. Dans un moment important, le truc qui le sécurise, c'est d'être difficile à déborder. Voilà son identité profonde : il préférera voir son adversaire faire un point gagnant qu'aller à la faute lui-même.

Pour Jo-Wilfried Tsonga, c'est tout le contraire : dans un moment clé, lui préférera prendre le risque de sortir la balle plutôt que celui de voir son adversaire faire le point gagnant. Ce qui est extraordinaire, c'est que cette identité profonde contredit parfois le morphotype du joueur !

Un jour, le Français Kenny de Schepper m'a expliqué qu'on lui avait tenu le discours suivant toute sa vie : « Tu mesures 2,03 mètres, tu es gaucher, profites-en et joue service-volée. » Pourtant, de Schepper m'a expliqué qu'il avait toujours voulu jouer du fond du court. Tout le monde lui a alors dit qu'il ne pouvait pas jouer au fond de court comme un joueur de 1,75 mètre. Cinq ans plus tard, Alexander Zverev, qui mesure 1,98 mètre, joue trois mètres derrière la ligne de fond, ne fait pas service-volée, et a atteint la 3e place mondiale en jouant comme ça. Idem pour Daniil Medvedev qui mesure lui aussi 1,98 mètre.

Je me rappelle aussi avoir entendu Mary Pierce (deux victoires en Grand Chelem) que ses adversaires la trouvaient forte mentalement parce qu'elle frappait fort dans les moments importants, alors que pour elle c'était beaucoup plus simple de frapper fort dans la balle que de construire l'échange. C'était tout simplement son truc, de frapper fort sur les points importants. C'était en elle. Et si tu lui avais demandé de jouer en patience et de passer vingt fois la balle par-dessus le filet sur une balle de set, tu l'aurais fragilisée.

Andy Murray, en revanche, c'est un joueur qui aime les points longs. Les rallyes ne le dérangent pas, comme en témoignent ses passings frappés en bout de course à l'issue de très longs échanges.

Ce que j'essaie d'expliquer à travers ces exemples, c'est qu'il y a des boulons qui tiennent chez tel joueur dans telle circonstance, et d'autres boulons qui lâchent. Si vous changez de joueur ou de circonstances, ce sont d'autres boulons qui tiennent, et d'autres boulons qui pètent. Il faut donc bien comprendre que le truc qui te convient n'est pas forcément le truc qui convient au joueur sur le court d'à côté. Et c'est pourquoi la connaissance de soi est centrale.

Le tennis offre une infinité de possibilités de jeu, c'est d'ailleurs à mes yeux ce qui fait son attrait. Chaque joueur est différent. Le coup droit de Nadal ne ressemble à aucun autre, le revers de Gasquet est d'une élégance folle, certains joueurs attaquent, d'autres préfèrent défendre, il y a des grands qui préfèrent rester au fond, des petits qui avancent sans cesse... Bref, on peut tout jouer ! Il n'y a pas de mauvaise manière de jouer.

De la même manière, il n'y a pas qu'une seule façon d'aborder la préparation physique. Le discours cherche un « guerrier ». Dans nos raisonnements de pensée, la préparation physique ne s'envisage que dans la souffrance, on doit cracher ses tripes, se faire mal. C'est dans cette logique qu'on ne va pas courir parce qu'il fait beau ou que ça peut être sympa, mais parce qu'on va vers la souffrance et la gloire. À la limite s'il pleut ce sera plus efficace ! On croit que parce qu'on va s'entraîner « à la dure », ça va se répercuter sur notre mental, en faisant de nous un guerrier. Pourquoi cette idéologie qui n'aborde la préparation physique que sous l'angle du guerrier ? Certainement parce qu'elle colle à l'idée du tueur insensible qu'on se fait du joueur parfait sur le terrain. Mais c'est à mes yeux une grave erreur de croire ça. C'est d'ailleurs la contradiction que je relève dans le discours, puisqu'au niveau du jeu, on cherche l'élégance, la prise de balle tôt, aller chercher le point, et au niveau physique un guerrier, une armoire. Mais en fait c'est le côté guerrier du mental qu'on cherche à renforcer via le physique.

Prenez trois mecs qui aiment aller courir : le premier veut se faire mal à se sortir les yeux de la tête, le deuxième aime courir en musique et le troisième parce que ce jour-là il fait beau, et qu'il y a un lac et un bois à côté de chez lui. Dans le tennis français, seule la démarche du premier est valorisée. Au niveau physique, il y a une école unique : il faut que tu en chies parce que c'est comme ça que tu deviendras bon. Pourtant, les trois mecs font exactement le même nombre de kilomètres. On fonctionne toujours sur le même mode : la compétition, le discours du guerrier, « on n'est pas des pédés » (j'ai même entendu des filles sortir cette phrase), le côté « armée ».

Le problème de ce discours, c'est qu'il interdit la notion de plaisir, il en fait même un tabou.

Or, quand tu t'amuses, tu repousses les limites de ta propre résistance. Un gamin qui te dit qu'il est fatigué par son entraînement, si tu lui sors un ballon de foot, bizarrement il va vouloir jouer, alors que si tu lui dis de refaire un tour de terrain, il va tirer la tronche. Je suis persuadé qu'on peut très bien entretenir sa condition physique en prenant du plaisir. J'ai ma musique, ma playlist, je suis tout seul…

Courir peut être un plaisir. Par exemple, Gaël Monfils préfère jouer au basket qu'aller faire un footing. Vouloir entrer en résistance contre ton propre entraînement – c'est-à-dire souffrir – ça ne convient pas à tout le monde. Le problème là encore, c'est que si on lit dans la presse que tel joueur préfère faire un foot avec ses potes plutôt qu'un jogging à 8 heures du mat' sous la pluie, on va considérer qu'il est faible ou qu'il ne fait pas suffisamment d'effort. On ne prend pas ça au sérieux. Parce que ça ne rentre pas dans notre idéologie.

Mais il faut rappeler que le tennis n'est pas un marathon ou une course d'Iron Man, que c'est avant tout un jeu. On oublie trop souvent la composante ludique de ce sport. Prenez deux joueurs de tennis : si l'un des deux s'emmerde alors que l'autre s'amuse, ça fera une énorme différence.

Le discours en France, c'est donc de te forcer à faire un footing à 7 heures du mat' sous la pluie, et de te dire : « Tu verras, à 4-4 au troisième set, c'est ça qui fera la différence. » Sauf que toi, tu joues Benoît Paire à 4-4 au troisième. Lui n'a pas fait ce footing, mais il va alors tenter trois amortis rétros – c'est son genre – et il les réussit, ce qui lui permet de gagner le match. Dans ces cas-là, tu te dis quoi ? Que c'est sa capacité à souffrir qui lui a permis de gagner le match ? Ou bien sa faculté à se rappeler, à 4-4 au troisième, que le tennis est avant tout un jeu ? Le discours est orienté et il est machiste, la grosse paire de couilles, etc. Moi, j'adore jouer au tennis. J'aime gagner aussi bien sûr, tout le monde aime gagner, c'est une évidence. Simplement, il n'y a pas que ce chemin du guerrier qui mène à la victoire. Le chemin ludique, celui du « joueur », est tout aussi efficace. Mais, encore une fois, notre discours ne veut pas l'admettre.

Pour en revenir au jeu, il se trouve que, chez moi, la source de ce plaisir est souvent tactique. À mes débuts sur le circuit, je faisais beaucoup de choses sur le court. Y compris des services-volées, même s'il m'arrivait de faire des volées pourries à deux mains. Je me rappelle ma victoire contre Berdych au deuxième tour de l'Open d'Australie en 2006 (6-3/6-2/4-6/6-2) : une fois je servais fort puis, deux jeux plus tard, je servais moins fort ; c'était le contraste que je recherchais et Berdych s'était un peu perdu là-dedans. En revanche, ce style de jeu est plus volatil, il nécessite une part d'insouciance et de créativité qui sont difficiles à garder en mettant une énorme dose de travail et de répétition à l'entraînement.

Plus tu disposes d'armes dans ton jeu, plus tu ouvres tes possibilités de choix. Cependant, il ne faut pas te perdre là-dedans. C'est différent pour un grand serveur : il s'appuie toujours sur le même axe, sa première balle et le coup qui suit. Quand tu as une large palette de coups, il faut savoir le gérer et ce n'est pas simple non plus. Il y a cependant de la place pour tout le monde. Personne ne critique Rafael Nadal quand il retourne le service de l'adversaire neuf mètres derrière la ligne de fond de court. Surtout qu'après lui, l'Allemand Alexandre Zverev (3e mondial en novembre 2017) a retourné neuf mètres derrière la ligne aussi. Et l'Autrichien Dominic Thiem (4e mondial en 2017) aussi. Donc, arrive un moment où il est temps de se poser les bonnes questions.

N'importe quelle personne prend du plaisir quand elle fait ce qui lui semble bien pour elle et comme nous voyons tous les choses différemment, on ne peut pas faire de lieux communs. Les joueurs n'ont pas le même seuil de douleur, pas la même capacité de travail non plus.

Sur le terrain aussi, l'aspect ludique peut revêtir différentes formes. Certains joueurs adorent le fait de se confronter à leur adversaire, de le dominer, de lui faire péter un plomb, d'autres préfèrent avant tout se battre contre eux-mêmes, suivre leur plan de jeu, faire le coup tel qu'ils le souhaitent.

Moi, j'adore frapper très fort à plat, j'ai un bon timing et c'est quelque chose qui m'amuse. Mais par-dessus tout, mon plaisir, c'est de jouer juste. C'est le jeu qui m'amuse. Réfléchir en fonction de la situation, du moment. Faire un service-volée parce que le moment le réclame, avec mon service de merde et ma volée de merde. Parfois, jouer juste, c'est jouer chiant. Alors je joue chiant : dans la diagonale de revers sans arrêt, c'est comme ça que j'ai battu Federer au Canada la première fois, parce que c'était ma seule chance de le battre, c'est comme ça qu'il fallait le prendre alors qu'il essayait de m'emmener dans autre chose parce que j'ai bien conscience qu'il sert mieux que moi, qu'il touche mieux la balle et qu'il volleye mieux aussi.

Certains joueurs ont une vision moins souple que la mienne. Quand Richard Gasquet entre sur le court, c'est pour faire ce qu'il sait faire sans en sortir, quoi qu'il advienne. Ça le rassure. Tu peux juger ça idiot quand il perd seize fois de suite contre Nadal en jouant de la même façon à chaque match, mais à l'inverse c'est précisément grâce à cette démarche qu'il ne perd quasiment jamais contre un joueur moins bien classé que lui. C'est ça qui en fait un joueur très stable et très solide.

Non seulement j'adore jouer, mais j'aime aussi regarder les autres jouer : s'il te la met là tu es mal, s'il joue comme ça tu te retrouves confronté à telle limite... Moi, ça ne me dérange pas de courir sur un terrain, mais je veux savoir pourquoi je cours, il y a une finalité. C'est mon truc. Si l'idée est d'en baver et rien que d'en baver, je préfère me mettre au marathon ou à la natation.

Quand tu regardes jouer des jeunes au tout début de leur développement, c'est le côté ludique qui te frappe, c'est d'ailleurs ça que les éducateurs mettent en avant dans un premier temps. Personne n'imaginerait aller dire à un gamin de 6 ans « Si tu veux jouer au tennis, il va falloir que t'en chies toute ta vie », parce que sinon le gamin va poser la raquette sur-le-champ. Non, au début on lui vend le tennis comme un sport ludique… c'est après qu'on écrème les gamins sur les critères du physique et du côté guerrier : j'y vois là une sacrée contradiction, ou tout du moins un sacré virage.

Je ne veux surtout pas m'enfermer dans la logique inverse : si on ne s'en tenait qu'au jeu pur, on retiendrait alors tous ceux qui ont la palette de coups la plus complète – frappe courte et croisée, qualité de la volée, faculté à jouer aussi long de ligne… – et on retomberait dans une forme d'arbitraire, l'arbitraire inverse de la logique qui ne pousse à ne retenir que les guerriers certes, mais arbitraire quand même. Et le résultat serait le même : on perdrait des joueurs au fil de la formation, des joueurs qui auraient pu s'épanouir dans un contexte plus compréhensif et plus ouvert.

Chacun sa voie. Le plaisir de la victoire : c'est quelque chose que tout le monde a quelque part en lui, qu'il s'agisse de tennis ou d'autre chose. Après, il y en a pour lesquels ce plaisir de la victoire est suffisant, et d'autres pour qui la victoire justifie tout. Ceux qui trichent en te volant une balle, ceux qui appellent le kiné alors qu'ils ne sont pas blessés, et j'irais même jusqu'à parler ici de ceux qui se dopent. J'ai souvent vu des coachs assister à un vol de balles avec un sourire complice et bienveillant, du genre « c'est pas bien... mais bon, il a tellement envie de gagner qu'il est prêt à chourer des balles, c'est bon signe... »

On justifie ainsi la triche : c'est la gagne à tout prix. Mais on s'arrête où ? Pourquoi voler une balle serait acceptable et se doper ne le serait pas ? Ce discours de la victoire à tout prix porte en lui un autre discours : c'est celui qui le veut le plus qui remporte la victoire. Dit autrement : quand on veut, on peut. Or, j'ai souvent constaté l'inverse : c'est quand on peut qu'on veut. Et c'est quand quelqu'un s'aperçoit qu'il ne peut pas, qu'il ne veut plus.

On veut tous gagner un Grand Chelem. Sauf que c'est plus facile de gagner un Grand Chelem quand on s'appelle Djokovic ou Federer et qu'on en a déjà gagné vingt, que quand on est 60e mondial et qu'on est confronté tous les jours au fait que d'autres joueurs jouent mieux que vous.

Ce « quand on veut, on peut », je n'y crois absolument pas. D'ailleurs, dans ce cas-là, la victoire justifierait le dopage. Et toutes les tricheries. Reste la question du curseur : où est-ce qu'on le met ?

Certains ont considéré la main de Thierry Henry[1] comme acceptable, pour d'autres c'était une honte et il fallait limite donner notre place de qualification aux Irlandais.

Dans un sport, le football, où la tricherie est quand même assez généralisée, c'est assez étonnant. Il serait tombé dans la surface comme on voit des milliers de joueurs le faire chaque week-end sur tous les terrains de foot du monde, ce serait passé beaucoup mieux. Là, d'un coup, c'est devenu une tricherie inacceptable. Pourquoi ?

Il est normal qu'on place une limite de ce qu'on est prêt à faire pour atteindre la victoire. Au tennis, on a connu au début des années 2000 un fait divers sordide où un père a drogué les adversaires de ses enfants en diluant un anxiolytique dans la bouteille d'eau de leurs adversaires, et un jour l'un des adversaires de son fils est mort en s'endormant au volant de sa voiture. Dans une autre mesure, il y a des gens qui considèrent que Lance Armstrong est quand même un grand athlète.

On a tous envie de gagner, mais l'idée du discours ambiant qui consiste à dire que c'est celui qui veut le plus la victoire qui l'a, je m'y oppose. La

---

1. Le 18 novembre 2009, Thierry Henry a permis à l'équipe de France de football de se qualifier pour la Coupe du monde 2010 en délivrant de la main une passe décisive à William Gallas face à l'Irlande.

finale de Federer contre Nadal en Australie en 2017, elle s'est jouée à tout sauf à l'envie. Et surtout ça pose ensuite la question du « ça choure », « ça gruge », « ça triche », « ça se dope »... Croyez-moi, j'ai vraiment envie de gagner, mais il est hors de question que je me mette un produit dans les veines pour y arriver. Pour autant, est-ce que ça veut dire que j'ai moins envie que d'autres ?

Est-ce qu'on va reprocher à un joueur qui ne triche pas ou qui ne se dope pas de ne pas être prêt à tout pour gagner ?

Dans le même ordre d'idées, est-ce que c'est celui qui se manifeste le plus sur le terrain qui veut la victoire ? Est-ce qu'on reproche à Federer de ne pas envoyer des « *Come on !* » à tout bout de champ ?

Non, les actions du joueur sur le court dépendent à la fois du contexte et de sa propre personnalité, c'est absurde d'interpréter ses attitudes indépendamment de ça. Si je m'étais laissé aller à lancer des « *Come on !* » sur le court dans des moments chauds, comme Lleyton Hewitt ou Rafael Nadal peuvent le faire, je n'aurais pas été crédible. Les gens auraient compris que ce n'était pas moi. Et puis, pour qui joue-t-on ? Pour soi ou pour le public ?

Revenons au jeu.

Une idée que je veux absolument détruire, c'est celle selon laquelle l'attaquant serait le « joueur », et le défenseur serait le « guerrier ». On veut résumer le tennis à deux schémas alors qu'il y a plein de variantes possibles. Il faut dissocier le style de jeu de l'image que l'on colle à un joueur et que je résume en « guerrier » ou « joueur ».

Dans l'inconscient collectif, s'il y a un type de « joueur », c'est l'attaquant. Les demi-volées de Federer, les amortis rétros de Benoît Paire, ça correspond bien à cette idée de jeu. Et les défenseurs seraient quant à eux les « guerriers », ceux qui courent trois mètres derrière et qui remettent tout. Or je peux vous assurer que Gaël Monfils est cinquante fois plus joueur que Federer, même s'il joue loin derrière sa ligne de fond. On peut avoir des guerriers qui attaquent et des joueurs qui défendent. Nous, notre seule vision du jeu, c'est celle qui consiste à dire que le guerrier défend, et que l'attaquant joue.

David Ferrer, on l'a présenté toute sa vie comme un guerrier parce qu'on a estimé qu'il défendait et que sa façon de jouer correspond à l'idée qu'on se fait du guerrier : le gars qui se bat sur chaque balle et qui ne lâche jamais rien. Sauf que moi, je l'ai joué, et je peux vous dire que Ferrer était avant tout un attaquant, dans le sens où la première occasion qui se présentait à lui, la première balle qui traînait un peu, il rentrait dedans. Ça, pour moi, c'est la définition d'un attaquant. Mais Ferrer mesurait 1,75 mètre, contre Raonic (1,96 mètre) forcément il commençait le point trois mètres derrière la ligne de fond, et quand il servait, il ne commençait pas à chaque fois le point en attaque. Mais le fait est que comme il n'avait pas un grand service ou un grand retour, il n'avait pas d'autre choix que de construire le point, et il ne pouvait pas le faire à chaque fois dès le deuxième coup de raquette. Mais son idée c'était toujours d'avancer. Voilà la vérité. On l'a résumé à un défenseur alors que, au fond, il était un attaquant. Donc pour moi, Ferrer était le parfait exemple du « guerrier attaquant ».

Et à mes yeux, Federer est aussi un guerrier attaquant, alors qu'on pourrait croire que c'est un joueur attaquant. Il a la rage, il suffit de voir le visage qu'il fait quand il perd, il n'est pas si fair-play que ça (il l'est dans le sens où il ne triche pas et ne dit rien de travers), mais son attitude envers son adversaire ne l'est pas tant que ça.

Benoît Paire aussi est un guerrier, alors qu'on pourrait croire que c'est avant tout un joueur. Mais en vérité il est en confrontation permanente avec son adversaire, lui-même, l'arbitre, tout le monde. D'ailleurs, il s'en prend souvent ouvertement à lui-même sur le court. Quand il fait un amorti rétro, tu cours dessus et si tu la ramènes et remportes le point, il peut péter un plomb et avoir envie de mourir, parce que tu l'as eu à son propre jeu. Alors que si tu fais la même chose face à Gaël Monfils, ça va le faire marrer et il va te taper dans la main.

Je vais prendre mon cas. Moi c'est mon côté défenseur qu'on voit en premier, alors on m'a mis dans la case du guerrier, alors que j'estime être avant tout un défenseur joueur. Mon jeu, c'est quoi ? Clairement, il est très en réaction, donc c'est un peu spécial, je ne fais pas partie des joueurs qui imposent leur style de jeu, avec des schémas ancrés forts, et tant que ça marche tout va bien, et quand ça ne marche plus c'est la panique. Le mantra du « impose ton jeu », c'est une philosophie qui ne me convient pas. Je suis plutôt un défenseur dans l'âme, dans le sens où je n'ai pas de problème à laisser l'initiative à l'autre, et donc je vais contrer. Certes, je défends, mais ça ne m'empêche pas de jouer. Mon cerveau est actif sur ce que je dois faire, j'ai toujours une idée précise en tête. La grande finesse d'un joueur défensif, et ce que les gens ont du mal à percevoir de l'extérieur, c'est qu'on donne l'impression d'être passifs, de subir le jeu et d'attendre la faute de l'adversaire, alors qu'on ne l'est pas du tout. On est actif en défense.

De là où on est, on sait que si le mec veut gagner le point, il faut qu'il prenne un risque, et on sait qu'il n'y arrivera pas à chaque fois, on attend le bon moment pour planter un coup qu'il n'aime pas, donc c'est beaucoup de réaction.

Je peux être face à Novak et jouer au milieu du court de manière très active, parce que c'est mon schéma de jeu, c'est là où j'ai envie de jouer et je ne veux pas ouvrir les angles. Et il y a d'autres joueurs contre lesquels je vais jouer au milieu de la même façon, mais là ce sera parce que je ne veux pas rater, et du coup ce ne sera pas bon.

Même coup, même zone, mais attitude résolument différente. Il y en a une où je suis actif, et l'autre où je suis passif. Forcément, ça n'est pas flagrant quand on regarde un match de l'extérieur ! On peut se dire « bon, ben il joue au milieu… » sauf qu'une fois c'est ce que je veux faire et c'est une grosse performance, et l'autre fois c'est presque un aveu d'impuissance.

Un joueur comme Daniil Medvedev, il n'a pas une technique folle, mais il joue juste. Il fait tout au bon moment (attaquer, défendre, contrer). Et ça, la plupart des gens ne le comprennent pas, parce que ça ne leur saute pas aux yeux… Ces nuances de jeu, et l'impact qu'ils peuvent avoir sur l'adversaire, déjà quand tu es au bord du court, ce n'est pas évident à voir, mais à la télé, c'est quasi impossible, donc tu ne sais pas, et donc tu ne comprends pas.

Federer (mais je pourrais aussi prendre l'exemple d'un Nick Kyrgios ou d'un Jo-Wilfried Tsonga), les gens adorent parce que c'est simple à comprendre. Quand Jo sert une première à 220 km/h et que derrière il envoie un pétard en coup droit, c'est bon, tout le monde a compris ce qu'il a fait, pas besoin d'avoir joué vingt ans au tennis pour saisir le truc. Et ça c'est aussi la manière de penser de nos dirigeants, les mecs veulent des trucs simples. Pourtant ce que fait Jo en attaquant énormément, si tu demandes à un autre joueur d'attaquer la même balle de la même façon, il va l'envoyer dans les bâches huit fois sur dix.

Alors que dans mon cas, quand je bats Federer parce qu'il a fait quarante fautes directes, on dit qu'il a mal joué. Moi je veux bien, mais est-ce qu'il aurait fait ces quarante fautes directes si je ne l'y avais pas poussé ? Vous croyez vraiment ça ?

À l'arrivée, ça fait une différence colossale dans l'inconscient collectif, parce que quand Jo gagne contre Federer, c'est lui qui a gagné, mais quand c'est moi, on dit que c'est Federer qui a perdu.

C'est une manière sournoise de dévaloriser un style de jeu par rapport à un autre, et encore une fois de pousser dans la même direction et de perpétuer encore et toujours le même discours.

Voilà pourquoi il faut connaître son jeu, apprendre ses forces, celles qui tiennent, et ce sur quoi on peut compter dans les moments importants.

Et il en va bien sûr de même pour le mental et l'attitude sur le court. C'est spécifique à chacun. Il n'existe pas de vérité qui vaille pour tout le monde. Tu dois comprendre ce qui est bon pour toi, et il n'y a aucune raison que ce qui marche avec le voisin fonctionne dans ton propre cas. J'ai commencé le travail mental tard, à 26 ans, alors que j'étais

8e mondial. Je suis venu à ce travail avec mes questions. Je me sens parfois fort, parfois bon dans les moments importants. Mais il y a une récurrence de situations où je ne suis jamais bon.

Par exemple, je n'ai jamais eu peur pendant une finale. En revanche, au premier tour, j'ai beaucoup d'appréhension. Voilà : c'est moi. Ça ne présume pas des autres. La finale, c'est quatre victoires de suite avant dans la semaine, je sais que je tape bien la balle, je m'en suis fait la preuve : aucune chance que la peur me rattrape lors d'une finale. Pour d'autres, c'est l'inverse, ils sont pris par l'importance du match et une finale est plus importante que n'importe quel autre match. Dans mon cas, les victoires précédentes m'ont donné confiance. Ce sont mes sensations qui me gouvernent.

Ce qui fonctionne chez moi : les moments importants, les fins de match, les fins de tournoi. Ce qui est mauvais : j'ai beaucoup de mal à rentrer dans mes matchs, je me fais souvent breaker d'entrée et j'en suis presque à me dire « tiens, 2-0 pour lui, c'est bon signe, ça se passe comme d'habitude ». Ce qui va mal aussi : impossible de bien jouer au premier tour d'un Grand Chelem ou en Coupe Davis et, de manière générale, jouer bien tout de suite dans un tournoi m'est difficile. J'en ai donc déduit que j'avais un problème avec l'absence de repères, beaucoup d'inquiétudes et de stress quand je manque de données. En revanche, une fois ces données emmagasinées, je suis bien.

Voilà ce que je comprends alors et qui est primordial : il faut que j'arrive à être à l'aise plus rapidement quand je rentre sur le terrain. Parce que mentalement, ça me prend trop de temps, et sans ça je ne vais jamais gagner. Mais il en va du mental comme du reste. Pour autant, ce n'est pas parce qu'on a identifié son problème qu'il devient facile de le résoudre, comme il ne suffit pas de se dire « vas-y, bouge les jambes pour mettre du jus comme Rafa » pour avoir le physique de Nadal sur un terrain, il ne suffit pas de s'auto-persuader de l'importance de ne jamais dire un mot sur un court pour y parvenir. Ça n'est pas instantané. Combien de joueurs nerveux se sont dits « OK là je ne vais pas dire un mot sur le court », sans identifier ce qui les stresse et comment faire pour que ça les stresse moins. Et pendant qu'ils s'évertuent à ne rien dire (car toute leur attention est portée là-dessus), du coup ils ne sont plus à ce qu'ils font sur le court… et donc ils sortent de leur match.

Je dois alors décider de la marche à suivre pour « trouver » mon personnage sur le court. Ça a l'air simple comme ça. Pourtant, ça ne l'est pas. C'est comme tout : des situations nouvelles surviennent en permanence et il faut apprendre à les gérer, on est bon dans certaines et pas dans d'autres. Tout cela a un sens général que l'on peut comprendre comme suit : plus tu diminues le nombre de situations où tu n'es pas bien, plus tu gagnes en stabilité.

C'est un processus.

À chaque fois que je faisais un amorti à l'entraînement, l'entraîneur laissait tomber sa raquette en signe de désapprobation : pas facile. Dix ans plus tard, je n'en faisais plus, des amortis. Il faut expliquer la démarche qui m'avait conduit à faire moins de choses sur le court : quand je suis aux alentours de la 50e place mondiale fin 2006, je bats des joueurs du Top 10 mais il m'arrive de perdre contre le 300e mondial aussi. À ce niveau, ce n'est pas possible : l'idée est donc d'être plus stable, plus solide. D'avoir un jeu moins volatil. Richard Gasquet a entrepris exactement la même démarche au fil de sa carrière. À 15 ans, il faisait le point en deux frappes. À 30 ans, il lui en faut dix. Et mon impression, c'est qu'il n'est jamais aussi fort que quand il essaye de faire le point en cinq, six frappes. Simplement, Richard a battu tellement de mecs en tenant la balle dans le court et en faisant le point en dix frappes qu'il ne se voit plus faire demi-tour.

J'ai fait ce switch-là, comme Richard Gasquet. Et je me suis convaincu que c'était nécessaire, que c'était le chemin pour progresser. L'idée était la suivante : battre les Top 10 comme avant, mais aussi battre le 300e mondial à chaque fois. Le problème, c'est que dès que je me suis engagé dans cette voie d'être plus stable et plus solide, j'ai perdu mon côté joueur. Or, pour aller chercher les gros matchs, je suis meilleur quand je joue, pas quand je me bats. Et l'équilibre entre les deux n'est pas facile à trouver. J'ai battu Roger Federer deux fois en 2008 (à l'Open du Canada et au Masters), Rafael Nadal à Madrid toujours en 2008, Novak Djokovic à Marseille encore en 2008… Je crois que je les ai battus à ce moment-là parce que mon côté joueur était encore tout proche, il n'avait pas été enseveli par ce côté « solide » que j'ai essayé d'acquérir ensuite. Mais ce côté joueur s'est estompé dans le temps.

Pour autant, j'ai quand même gagné beaucoup de matchs en jouant « solide ». Mon classement s'est amélioré. Donc, j'ai continué. J'avais 23, 24 ans : est-ce qu'on est suffisamment lucide sur soi-même à cet âge-là ? Quand j'ai commencé à travailler avec le préparateur mental Ronan Lafaix, fin 2016, on a posé cette problématique sur la table. Est-ce qu'il était encore temps de faire demi-tour, pour retrouver ce côté joueur ?

Est-ce que je me croyais encore capable de faire service-volée sur une deuxième balle à 120 kilomètres/heure comme je l'avais fait contre l'Argentin Gastón Gaudio à Hambourg en 2006, ce qui m'avait permis de le rendre fou en sauvant ainsi une balle de break ? Est-ce que je pouvais retrouver l'amorti, alors que je ne faisais plus ce coup depuis dix ans ? En gros : est-ce que je croyais encore au Père Noël ? Ce n'était pas une question de travail.

Je ne suis pas fainéant. Et d'ailleurs, est-ce que c'est celui qui travaille le plus qui joue le mieux ? Et puis, c'est quoi, le travail ? Le non-plaisir ? Le fait d'aller à l'entraînement comme tu retournes à la mine ? Je suis persuadé qu'à leur manière, Nick Kyrgios, Gaël Monfils ou Ernests Gulbis ont bossé des tonnes, quand bien même ils n'ont pas la réputation d'être de grands travailleurs.

Le joueur fort mentalement, à mes yeux, c'est celui qui sait à l'avance ce qu'il sera capable de faire en fonction de son état mental. Car il sait qu'il va douter à un moment, il s'y est préparé. Il sait que son jeu ne sera pas le même quand il est détendu et quand il a un coup de stress. Savoir ce qui tient dans ton jeu quand tu es sous pression. Ça c'est le but que devraient se fixer tous les joueurs en travaillant leur mental. Mais on ne sait jamais dans quel état on va être. À chaque état correspond une manière de jouer qui est propre à chaque joueur. Et c'est ça qu'il faut trouver. De l'extérieur, à froid, c'est facile. Il y a la théorie et la pratique… parce que sur le court, c'est une autre affaire.

Si on rabâche à un joueur qu'il est mauvais dans telle ou telle situation, il va finir par y croire, ça va s'ancrer au fond de lui et devenir quelque chose d'aussi constitutif de sa personnalité que sa taille ou la couleur de ses yeux. Et il le croira d'autant plus facilement qu'il n'a accès à aucun discours alternatif.

À la limite, tu peux surmonter ça si tu te construis dans l'adversité. Ponctuellement ça peut marcher. Chez moi en tout cas, ça ne marche pas. Avec le recul, je voudrais dire : ne me condamnez pas. Le mental se travaille. Je vais le travailler. Et ne me dites pas que certaines faiblesses sont plus importantes que d'autres.

Dimitrov, par exemple, a joué Djokovic à Indian Wells en 2013, et a commis quatre doubles fautes alors qu'il servait pour le gain du premier set à 5-3 (et il s'est finalement incliné 7-6/6-1). Quelques jours plus tard, il a affronté Murray à Miami et menait 5-2, et au moment de servir pour le gain du set, rebelote, il a fait trois doubles fautes, et a perdu 7-6/6-3. C'est pourtant Dimitrov qui a gagné Cincinnati et le Masters en 2017. Et là au moment de conclure, il a passé ses premières balles. C'est le même joueur. Ce n'est pas parce qu'il a mis quatre doubles une fois qu'il le refera, et ce n'est pas non plus parce qu'un jour il a enchaîné les aces qu'il les mettra à chaque fois. Ça montre bien que la confiance est fluctuante chez tout le monde.

Et à tous les âges. Ce n'est pas parce qu'un gamin a plus de mal à formaliser les choses qu'il ne peut pas avancer sur le chemin de la compréhension de soi. Un enfant sent « comment » il a peur. De quoi ? Laisse-le le sortir. Et cherche avec lui. Tu as peur ? Ce n'est pas grave. Pas grave du tout. Ça ne fait pas de toi un raté. Je vais te parler de tes qualités.

Le sport est un chemin : tu ne peux pas connaître la réponse à des questions que l'on ne t'a pas encore posées.

Pour un joueur de tennis, cette connaissance de soi, il la faut tôt : dès 20 ans. J'en reviens aux notions de chemin et de processus : s'il faut cette connaissance de soi à 20 ans, c'est qu'il faut commencer à la travailler avant. Je n'étais pas préparateur mental moi-même, il me fallait donc des outils durant la formation. Je ne les ai pas eus.

Un joueur de 15 ans qui fait trois doubles fautes alors qu'il mène 5-2 en finale, dans l'absolu, ce n'est pas grave, mais dans les faits, on va déjà lui dire que c'est très grave, qu'il y a un problème, on va direct le cataloguer comme un « mouilleur », un joueur qui a peur. Au contraire, si un gars crampe parce que physiquement il n'est pas au niveau, là il n'y a pas de souci, on va le faire travailler pour que ça n'arrive plus. Moi j'aimerais qu'on ait la même réaction quand un joueur a une défaillance mentale que quand il a une défaillance physique.

J'ai l'impression que cette partie mentale est niée parce qu'on est dans un système de formation collective, cette formation collective étant par nature soumise à des discours généraux : « Les gars, aujourd'hui on fait ça. » Encore une fois, on a un discours unique pour tout le monde, on ne s'adapte pas aux spécificités de chacun.

Là pour le coup, la structure en elle-même n'aide pas à faire autrement, puisque nous sommes dans un système de formation collective, donc c'est logique qu'il y ait un discours général. La structure elle-même crée les conditions d'un discours général et pas du tout personnalisé. Dans des fédérations moins organisées que la nôtre, forcément ce discours peut être atténué ou plus adapté.

Et si le joueur ne le sent pas et ne rentre pas dans ce discours collectif? « C'est comme ça, on fait ça. » Le système fournit des joueurs qui dominent à 18 ans et remportent des Grands Chelems chez les juniors : Clément Morel (vainqueur en Australie en 2002 en battant Tsonga en demi), Geoffrey Blancaneaux (vainqueur de Roland-Garros en 2016 en battant Auger-Aliassime en finale et Shapovalov en demi), Julien Jeanpierre (qui battait alors Hewitt et Nalbandian)... Mais après 20 ans, ils se sont fait battre par les joueurs qu'ils dominaient avant. Tant que la connaissance de soi n'est pas encore capitale, ça passe, après, ça coince.

C'est un peu moins vrai aujourd'hui, mais nos structures nous ont longtemps donné un avantage au niveau technique et physique. On a une capacité de travail supérieure aux autres parce qu'on s'entraîne mieux, dans de meilleures conditions (les installations sont top, les terrains de qualité, des balles neuves à chaque entraînement, tout est dispo sur place niveau kiné, etc.). C'est l'avantage financier et matériel de notre fédération par rapport à la fédération serbe, pour ne prendre que cet exemple. MAIS les autres joueurs, physiquement et techniquement, finissent par rattraper leur retard, et surtout ils ont appris à se connaître bien mieux à travers un parcours personnalisé. Aujourd'hui cet écart a tendance à diminuer car un Djokovic investit énormément dans le tennis serbe par exemple, d'autres joueurs créent des académies, etc.

L'avantage matériel s'estompe. Donc la critique qui consiste à dire « les joueurs français sont trop gâtés et grandissent dans le confort », là encore c'est faux. Justement notre école est plutôt efficace chez les jeunes car on a directement des moyens professionnels. Il y a des jeunes de CM1 en sport-études, forcément ils progressent vite ! Le même gamin qui joue à peu près pareil au même âge mais qui n'a pas les mêmes conditions d'entraînement, il va lui falloir un peu plus de temps pour rattraper son retard. Mais il ne faut pas croire pour autant que ceux qui nous passent devant ont plus envie, qu'ils se sont construits dans l'adversité, la douleur, etc. Nadal a grandi dans un milieu plutôt aisé et confortable. Mais il avait un projet construit autour de lui. Rafa n'a pas eu faim, ce n'est pas vrai, ça n'a jamais été « tu réussis dans le tennis ou tu dors sous les ponts ». Mais il s'est développé au sein d'un projet qui lui était exclusivement dédié, son oncle, tout ça. Pareil pour Federer. Et je suis persuadé que c'est la raison pour laquelle, à 18 ans, ces joueurs se connaissent bien mieux que les joueurs français.

Mais au moment où le joueur n'a plus d'ascendant et où il doit faire ses propres choix y compris dans le système français, ce qui correspond à son arrivée sur le circuit senior, le fait de bien se connaître devient central. J'ai vu des joueurs français en perdition quand ils ont été confrontés à ce cap-là. Le mec a sa vie tracée, des contrats, tout va bien… et à l'arrivée, il se rend brusquement compte qu'il est seul et que le tennis est un sport individuel. C'est là que la connaissance de soi compte triple. Et la connaissance de soi est par définition un chemin personnel.

Donc, les réponses sont en toi. Pourtant, on plaque sur ta situation un discours unique. Qui sert pour tout le monde depuis la nuit des temps : « Tu n'as pas assez faim. » Et hop : c'est réglé. Le joueur peut être d'un caractère timide et doux, ou bien violent. Durant son enfance, il a pu préférer jouer à la poupée plutôt qu'à la guerre. Ou encore aux cartes, où il n'a jamais supporté de perdre. Déjà, tu assènes le même discours à tout le monde.

Ensuite, tu t'en tiens aux apparences ; tu condamnes le mec sur sa personnalité, ou plutôt sur ce que tu devines de sa personnalité, alors que le tennis, c'est autre chose. Un caractère violent peut se défiler dans le combat sur le court et un joueur timide, tout au contraire, s'y révéler. Les entraîneurs ne se remettent pas suffisamment en question. Exemple : un gamin qui fait quatre doubles fautes de suite, les parents vont voir le coach, et celui-ci leur répond « Ah mais à l'entraînement il passe toutes ses premières, c'est un problème mental moi j'y peux rien » – je peux vous dire que cette justification-là je l'ai entendue souvent. Dans le meilleur des cas, le coach va dire : « OK, on va aller refaire des paniers de service. » Mais il pourra faire tous les paniers du monde, ça ne changera rien.

C'est un peu comme un lycéen qui ne se souvient plus de sa leçon lors d'un examen alors qu'il la connaît pourtant sur le bout des doigts, parce qu'il n'arrive pas à gérer son stress…

Alors oui, on peut bien entendu parler de prédispositions. Certains sont mieux armés au départ. Comme Djokovic. Seulement voilà, après avoir remporté son quatrième tournoi du Grand Chelem de rang à Roland-Garros en juin 2016, quelque chose s'est passé et il l'a moins bien géré que ce qu'il avait l'habitude de faire. Alors quoi ? Par le passé, Djokovic a montré qu'il était plutôt bon pour gérer les situations nouvelles. Donc, en principe, il va finir par trouver, et comme par hasard, il a fini par trouver. Novak n'a jamais cessé de travailler sur le mental.

Quand il a gagné Roland-Garros en 2016 avec José « Pepe » Imaz (un coach espagnol controversé, ancien joueur ayant ouvert une académie pour enseigner le tennis par « l'amour et la paix »), il a expliqué que sa présence à ses côtés était très importante pour lui. Dès le début les articles ont appuyé sur le côté atypique d'Imaz, le surnommant « gourou », « un ami avec qui il travaille sur ses émotions ». « Amour », « simplicité », « partage », « paix », voilà les mots qui inondent le discours de l'Espagnol.

Discours qui, soit dit en passant, contredit totalement le discours guerrier que les joueurs français ont entendu pendant des décennies, construit sur la souffrance et la gloire, le sang et les larmes. On ne peut pas faire plus opposé. Et quand Djokovic a connu un passage à vide après sa victoire à Roland-Garros en 2016, ce discours « amour » et « paix » lui a été renvoyé au visage pour lui expliquer qu'il était dans l'erreur, comme s'il y avait incompatibilité entre ces mots-là et la performance.

On a aussi entendu que Nadal avait perdu le truc entre 2015 et 2017. Puis qu'il l'avait retrouvé. La vérité, c'est qu'il gérait ses émotions un peu moins bien, ce qui, soit dit en passant, contredit l'image du type au mental en béton armé que tout le monde lui avait collée depuis sa première victoire à Roland-Garros en 2005.

Et puis, pendant que Nadal cherchait, les autres ont progressé. Qu'est-ce qui s'est passé avec Nadal entre 2015 et 2017, quand il a cessé de gagner des titres du Grand Chelem ? Peut-être qu'il était un peu blessé. Peut-être que ce sont ses émotions. Peut-être que c'est sa technique. Et peut-être que quand tu commences à perdre, ça s'enchaîne, et que tu deviens à la portée de joueurs pour qui tu étais intouchable jusqu'ici. Mais Nadal a cherché.

Et il est revenu. Federer est devenu ce qu'il est à force de trouver. Ce que je veux dire, c'est que ce cheminement, ces nuances ont complètement disparu dans le discours ambiant. Un discours que tout le monde relaie sans jamais l'interroger : les commentateurs à la télévision, les parents et les entraîneurs.

J'ai expliqué que la connaissance de soi était essentielle dès 18, 20 ans mais je dois mettre un bémol : un jeune joueur peut compenser avec d'autres armes, des armes dont on dispose à ces âges. À 18 ans, tu t'entraînes cinq heures par jour à fond sans risque de te blesser. Tu es aussi en conquête. Mais tout ça ne dure qu'un temps : arrive toujours un moment où la connaissance de soi fait la différence. C'est pour ça que le système français fonctionne très bien chez les juniors.

En gros, un gamin peut entendre deux choses durant sa formation, deux discours qui peuvent d'ailleurs le poursuivre ensuite, sur le circuit.

Le premier : « Lui, bof mais en match, il se passe quelque chose », manière de dire que la compétition le révèle.

Le second : « Lui, il mouille quand ça se tend, regarde le coup droit… »

Deux façons d'enfermer le joueur. Je me rappelle m'être réjoui tout au fond de moi après avoir compris qu'un type se tendait sur le court. Il ne fallait y voir ni méchanceté, ni la manifestation d'un intérêt personnel. Je comprenais alors tout simplement que je n'étais pas tout seul. Ça, c'est la connaissance de soi, tu acceptes qui tu es, ça ne veut pas dire que tu te donnes des excuses à chaque fois que ça ne va pas et que tu te laisses aller. C'est juste de dire « Malheureusement j'ai été obligé de faire ça », Murray je l'ai vu s'allonger sur le terrain contre moi parce qu'il en avait besoin pour gagner le match. D'ailleurs, Murray c'est le mec qui l'a le plus dit, qui s'est excusé de son comportement sur le terrain, que ça ne lui plaît pas d'être comme ça, mais qu'à chaque fois qu'il a essayé de bien se tenir, ça ne s'est pas bien passé. Amélie Mauresmo a entraîné l'Écossais et a indiqué dans une interview que sa difficulté à contrôler ses émotions sur le terrain avait joué un grand rôle dans son départ : « Andy est complexe. Sur le court, il peut être le contraire de ce qu'il est dans la vie. Il peut être déroutant. J'étais là pour l'aider. J'avais le sentiment de ne pas pouvoir faire avancer les choses. » Parce que l'habitude la plus désagréable de Murray consiste à extérioriser sa frustration envers son box en leur criant des injures.

« Parfois, j'ai honte, commente l'Écossais dans *L'Équipe*. Il faut essayer de comprendre que, sur le terrain, beaucoup de choses nous arrivent. La façon dont vous réagissez n'est pas nécessairement liée à ce que vous pensez vraiment, à la réflexion. C'est ça, le sport. C'est dur, il y a de la pression, ce n'est pas parfait. Et puis, quand je dis ce que je dis, ce n'est pas parce que je parle en direction de mon box, que c'est contre mon entraîneur ou contre mon équipe. C'est très souvent de l'autocritique. J'abuse de moi-même. Mais je ne me résigne pas à ce que cela soit immuable. J'y travaille depuis des années, j'essaie d'être meilleur. C'est vrai, les émotions m'envahissent parfois sur le terrain. Je suis émotif, je le sais. Certaines personnes disent que c'est positif quand je ne montre pas mes émotions, quand je les contrôle complètement. D'autres disent le contraire. Il est très difficile de situer la vérité. La chose la plus importante, c'est de savoir si le fait d'être émotionnel me fait mal jouer les points par la suite, si cela me perturbe. Dans le passé, j'ai joué des matchs où je n'ai pas ouvert la bouche. Je n'ai rien montré. Et c'étaient des matchs horribles, perdus, à plat. Il faut trouver le point d'équilibre. Je ne le trouve pas tous les jours. »

Voilà, c'est ça le tennis. Un sport complexe où même les meilleurs joueurs sont toujours en quête de sensations, de connaissance. Il y a des Borg et des

McEnroe, des Karlović et des Ferrer. Il faut l'accepter. C'est un sport où on a peur. Donc il faut absolument travailler le mental, dès le plus jeune âge.

On aimerait tous être cool, on aimerait tous être parfaits, mais à un moment il faut accepter ce qu'on est.

10

Concentration et conviction

Le point essentiel que je veux défendre ici, c'est que tout se travaille, la technique et le physique bien sûr, mais aussi le mental. Il n'échappe pas à la règle.

Pourquoi ? Parce que personne ne naît en n'ayant peur de rien. J'en suis absolument convaincu, il y a toujours un petit stress quelque part chez un joueur. Un mec comme Rafa, quand il a peur et quand il doute, ça se voit. Rien que sur son visage, on peut constater qu'il multiplie les tics, que ses sourcils sont en circonflexe, il a le regard inquiet. Et quand tout va bien et qu'il est serein, alors on voit qu'il marche avec une grande détermination pour rejoindre sa chaise en faisant des grands pas, et là il arrive comme un taureau et tu sais que le coup droit long de ligne va partir.

Et pour le coup, dans les moments de doute, il va quand même faire quelque chose pour lutter contre ça, de moins ambitieux en termes de jeu, il va prendre plus de sécurité, faire ses grands lifts croisés. Ce qu'il fait souvent en début de match d'ailleurs : à ce moment-là, il fait ce qu'il sait faire. Parce que ça le rassure : jouer beaucoup de balles, mettre beaucoup d'intensité physique dans des schémas très simples. Sachant que chez lui, même s'il ne laisse pas passer le bras et que son coup droit tombe dans le carré, comme il a une force de malade, c'est suffisant pour te mettre dans le rouge. Il envoie rarement un coup droit long de ligne au deuxième point du match.

Tout le monde le sait : c'est quand le match avance qu'il va jouer de plus en plus long, et c'est cette construction-là qui est hyper importante. C'est là que tu vois que le mec se connaît : au premier tour, il ne se dit pas qu'il va jouer comme en finale. On s'en aperçoit : Nadal est très expressif sur un terrain.

C'est d'ailleurs bien pour ça que certains joueurs pètent les plombs, pour décompresser, pour évacuer la peur, pour mettre un feeling plus fort que la peur, parce que quand la peur est là, soit elle est légère et tu peux t'en sortir en respirant un grand coup, soit tu es paralysé et la seule chose qui va te faire sortir de cet état-là, c'est un truc encore plus fort. Les colères de Murray, de Benoît Paire, ou même les miennes, ont ce sens-là. Mais pour nous, c'est naturel. On ne le fait pas consciemment, du genre « je vais m'énerver pour repousser la peur ». C'est plus de l'ordre du réflexe.

Un joueur qui fonctionne comme ça aussi, c'est Nick Kyrgios. Il peut s'en prendre à n'importe qui à propos de n'importe quoi, tout d'un coup il parle à l'arbitre ou à un spectateur, tu ne sais pas pourquoi. En fait c'est parce qu'il a un coup de stress, inconscient je pense. Il va s'énerver sur le mec. L'Australien va par exemple servir deux premières balles (en première et en seconde) à 220 km/h, de toutes ses forces. Ainsi, il s'autorise en quelque sorte à rater : s'il fait la double faute, c'est normal. Mais si ça rentre et qu'il fait le point, alors ça le relance complètement.

La colère, c'est un truc naturel pour vaincre la peur. Parce que quand tu as peur, tu ne peux plus jouer du tout. Pour ma part, quand j'étais plus jeune, c'était inconscient ; aujourd'hui, je sais que quand je m'énerve et que je hurle, je le fais pour évacuer ma peur.

C'est la raison pour laquelle, à mes yeux, il est parfaitement inutile de conseiller de se calmer à un joueur qui est en train de s'énerver. Parce que s'il s'énerve, c'est qu'il estime que ça l'aide. Or, un coach va toujours dire à un joueur de se calmer, alors qu'il vaudrait mieux lui dire « vas-y énerve-toi un bon coup » parce que sinon ce qui va arriver, ça va être encore pire. À quel moment, quand quelqu'un vous dit « calmez-vous » quand vous êtes énervé, ça marche ? Jamais. Souvent même ça vous énerve encore plus…

Quand j'ai expliqué publiquement que je travaillais avec un préparateur mental, j'ai lu partout que je ne tournais pas rond, qu'il y avait quelque chose chez moi qui n'allait pas. On parle beaucoup d'humilité. Quand elle s'applique aux domaines physique ou technique, c'est bien perçu, le joueur a la bonne attitude. Mais quand un joueur dit « j'ai peur », cette humilité se retourne contre lui. Moi, je ne vois pas où est le problème.

En France, si tu travailles mentalement, ça veut dire que tu es faible mentalement. C'est stigmatisant. Et irrévocable : le mental est considéré comme un état de nature, donné une fois pour toutes au joueur et avec lequel il doit composer toute sa carrière. En revanche, pour le physique ou la technique, on croit au potentiel, aux possibilités de progression. En ce qui me concerne, si je m'en tiens aux faits et à mes sensations, la vérité est changeante d'un match à l'autre, déjà. Il y a des matchs où je suis revenu dans la partie et d'autres où j'ai remis le mec dans le coup alors que je menais un set à zéro, 5-3 dans le deuxième.

Le gamin de 10 ans qui fracasse raquette sur raquette, au fond, il est dans la même situation qu'un joueur de très haut niveau. Il est dans un champ de pressions : ses propres attentes, celles de ses entraîneurs, celles de ses parents... Toute la question est de lui apprendre à gérer ces pressions. Ça ne sert à rien de lui dire : « Attends, là, tu as perdu le match alors que tu menais un set à zéro et 5-3, non mais ne me refais jamais ça, qu'est-ce que tu as foutu ? » C'est totalement sans effet. Enfin si, un effet négatif, on peut même enfoncer le gosse en lui tenant ce discours-là. La première chose à faire n'est pas bien difficile à trouver : il faut commencer par écouter ce que le gamin a à dire, bien entendu.

Ça tombe sous le sens, non ? Non, mille fois non. J'ai personnellement grandi dans l'idée qu'un joueur ne pouvait pas exprimer sa peur. Avec une dissociation entre les garçons et les filles par-dessus le marché, un garçon devant en toutes circonstances se montrer dur. Une connerie de plus en fait. Comme si les joueurs et joueuses étaient à ce point différents...

Je me souviens aussi d'un temps où Roger Federer cassait cinquante raquettes par an. Du jour au lendemain, il n'a plus dit un mot sur le court. Federer explique qu'il n'a pas – et qu'il n'a jamais eu – de préparateur mental. D'accord. Mais il a évolué dans des proportions incroyables. Ce n'est pas parce que tu n'as pas de préparateur mental que tu ne travailles pas mentalement. Lui l'a fait tout seul. Il n'a pas eu besoin de quelqu'un d'autre pour se construire. De la même façon qu'on peut progresser physiquement sans jamais prendre un préparateur physique, simplement en allant courir tout seul.

Le travail mental est très personnel, mais il y a un socle commun : respiration pour tout le monde, visualisation pour beaucoup. Des outils. Tu peux aussi travailler sur la dissociation, par exemple : très calme en haut, au niveau de la tête et du visage, et chaud et actif en bas, au niveau des jambes. Quand tu fais un coup droit, ce n'est pas le fait de crisper ta mâchoire qui va t'aider à frapper fort. Il faut toujours regarder la tête que font les gens quand ils font un effort : ce n'est jamais la tête qui doit s'exprimer athlétiquement, mais alors pourquoi marque-t-elle l'effort ? Pourquoi un cycliste afficherait-il un visage torturé quand il monte un col ? Ça ne l'aide en rien, ce sont ses jambes qui travaillent, pas son visage. J'ai déjà vu des chanteurs d'opéra dont le visage ne bougeait absolument pas alors qu'ils chantaient. La voix vient d'ailleurs, du coffre.

Le visage est ainsi un excellent indicateur. Quand j'ai commencé à travailler spécifiquement l'aspect mental, j'ai compris immédiatement qui le bossait et qui ne le bossait pas.

Novak il bosse, et c'est un de ceux qui ne s'en cachent pas. C'est flagrant chez lui, rien que dans sa position avant chaque point, notamment au retour, quand il est bien planté sur ses deux pieds, on le voit faire son truc avec ses yeux, là tu vois qu'il fait une espèce d'hypnose, il se met dans un certain état.

Jo par exemple, je l'ai vu fermer les yeux au changement de côté, j'ai vu Raonic se tapoter sur les jambes, ça c'est du travail mental, tout ça pour te permettre de jouer en confiance et d'éliminer le stress et la peur. Rafa se rassure avec toutes ses routines. Si les joueurs du plus haut niveau travaillent cet aspect-là, pourquoi ne pas le faire, nous ?

Exception à cette règle ? Federer bien sûr ! Federer on ne voit pas, c'est celui qui est le plus dur à lire. Lui, il te donne l'impression que tout roule, tout le temps, ça accrédite l'idée que c'est inné pour lui, qu'il n'a peur de rien. Il donne vraiment l'impression de valider ça, à savoir : « Je viens, j'ai mes intentions de jeu, je n'ai pas d'émotions, j'y vais, j'y vais tout le temps même dans les moments importants, et j'ai gagné vingt titres du Grand Chelem comme ça. » C'est pour ça qu'on adore le voir, mais aussi ce qui fait qu'on ne voudrait voir que lui, et pas les autres.

Plus personne ne dégagera une telle facilité à tous les niveaux du jeu que Federer. Dimitrov à l'entraînement, il rivalise clairement avec Federer, mais en match ce n'est pas le même. Federer est le contre-exemple de tout.

Federer, je l'ai vu mettre un coup droit dans le filet contre Gaël Monfils sur une balle de match à Bercy en 2010 alors qu'il avait tout le court ouvert devant lui, et derrière il perd le match. Ça arrive. Même à lui. Personne n'a raconté pour autant que Federer était faible mentalement. Pourtant, même lui le dit, à de très rares occasions. Il a déclaré un jour : « Le premier point et les premiers jeux, c'est dur, je me fais vraiment plaisir plus tard dans le match, une fois ce cap passé. J'aimerais vous dire que quand je rentre sur le terrain, c'est le meilleur moment, le central de Wimbledon, les gens, tout ça… Mais non. »

« Federer a peur, comme tout le monde » : il faudrait encadrer cette phrase et en faire un poster qu'on afficherait dans tous les clubs.

Une fois ce constat posé, il faut se mettre au boulot. Mais ça ne se fait pas par magie en claquant des doigts. On peut s'enfermer trois jours dans une chambre pour réfléchir sur soi en espérant trouver la clé, ou décider d'en parler avec quelqu'un qui va t'aider dans ta réflexion.

Quand tu joues super bien à l'entraînement mais que cela ne passe pas en match, c'est qu'il y a un problème : la même balle, le même terrain, la même météo sauf que tu joues ton match deux heures après et que tout est changé, tu n'y arrives plus.

Bien évidemment, une fois que tu as trouvé le chemin qui te convient, le plus dur c'est de l'appliquer. De le faire. Quand tu sais que dans telle situation, tel aspect de ton jeu flanche, l'étape suivante, c'est de modifier ça. Parce que le premier réflexe face à la peur, outre l'énervement, c'est l'inaction. On reste comme un lapin planté dans la lumière des phares d'une voiture, complètement figé. Faire quelque chose quand tu es en état de panique, ce n'est pas une mince affaire. Qui plus est, faire quelque chose avec conviction ! Le chemin, c'est : « Je me connais, j'ai peur, et parce que j'ai peur et que je me connais, maintenant je sais ce que je dois faire, je vais mettre toute ma concentration sur ce que je dois faire, car à présent je n'ai pas mille questions qui viennent me parasiter le cerveau. Je vais le faire avec conviction parce que je sais que c'est ça que je dois faire dans telle situation. » Le choix est fait et tu le suis à fond. Après tu gagnes ou tu perds, mais au moins tu joues. Et ce n'est pas parce que d'autres t'ont dit de faire comme ça, c'est parce que tu le ressens au plus profond de toi, tu as l'intime conviction que c'est ce qui est juste et bon pour toi. C'est ce que fait Nadal en se plaçant trois mètres derrière sa ligne de fond. Et si son adversaire lui plante un missile dans l'angle : bien joué. La conviction est le point fondamental pour pouvoir appliquer ça.

Personne n'avait les outils pour m'aider. À la Fédération : rien, personne avec qui travailler l'aspect mental. À mes yeux, c'est un problème que nous devons absolument régler.

Dans le travail mental comme dans le reste, tu dois trouver la bonne direction. Pour construire une maison, il vaut mieux un type qui bosse une heure en sachant la marche à suivre que quelqu'un qui travaille cinq heures sans la connaître.

On a tous commencé en ayant un rapport d'élève à professeur.

Puis arrive un moment où le joueur devient son propre patron, il décide ce qui est bon pour sa carrière, choisit ceux qui l'entourent et les paye en conséquence. Le rapport s'inverse. Or, je trouve qu'en France, il s'inverse trop tard. Ce rapport doit changer à la seconde où le joueur s'approprie son projet, fait le tri dans son environnement et pense se connaître mieux que les autres ne le connaissent. Si cette démarche n'est pas faite, et que l'élève reste élève, le seul profit qu'il va en tirer, c'est celui de se donner bonne conscience. Alors que c'est le moment où les entraîneurs doivent aider le joueur pour qu'il apprenne à se connaître. Pour cela, il faut que ses entraîneurs aient au préalable développé la connaissance que le joueur a de lui-même, ce qui revient à l'aider à se comprendre.

J'ai peur à 4-4 : de quoi ? Il faut libérer la parole. On va essayer de comprendre ensemble quand tu es bon. Et quand tu es mauvais.

Quand ton gosse refuse de sauter du plongeoir de trois mètres, tu le rassures, tu ne vas pas aller expliquer à tout le monde autour de toi que ton gosse est un mouilleur, que c'est une merde et qu'il n'y arrivera jamais. Il est en échec, tu le rassures. Pourquoi on ne fait pas la même chose quand il est sur un court de tennis ? En cherchant à le rassurer, tu cherches à comprendre, ce qu'on ne fait absolument pas sur un terrain de tennis.

Aucun entraîneur n'est le meilleur partout, dans tous les domaines. Mais chacun a possiblement quelque chose à t'apprendre. J'ai trouvé des gars légers sur certains points, mais ils m'ont fait progresser sur d'autres, d'où l'intérêt d'une structure regroupant les compétences. L'avantage de la Fédération, c'est d'avoir toutes les compétences au même endroit, au Centre national d'entraînement. Tu as quinze entraîneurs là-bas. Or, dans les faits, on fonctionne avec un seul coach par joueur alors qu'on pourrait utiliser le savoir des quinze entraîneurs. Évidemment, agréger les compétences demande à l'entraîneur référent de maîtriser son ego : « Tu vois, ce mec-là est mieux que moi pour travailler ton jeu vers l'avant, c'est lui qui va s'occuper de toi sur ce point précis. »

Aujourd'hui, Federer, Djokovic et Nadal ont chacun deux entraîneurs à leurs côtés. Quand on regarde ce qui se passe autour des meilleurs, on a l'impression qu'ils font tous l'économie des problèmes d'ego. Et l'entraîneur référent ne se dit à aucun moment que l'on va lui voler la vedette.

Pourquoi eux et nous non, alors que le système français est dominé par une fédération, dont l'objet est par définition de regrouper toutes les compétences ? En France, c'est un par un. Un entraîneur, puis un autre, puis un autre... Il faudrait les trois en même temps. Djokovic n'est pas fou, il sent ce qui est bon pour lui : tel coach peut lui apporter telle solution à tel moment. Chez nous, ça ne se passe comme ça. Chacun reste bien campé sur son court, on est cloisonnés. Imaginez la situation : je fais travailler la volée à un joueur, Nicolas Mahut est sur le terrain d'à côté et je ne lui demande pas d'intervenir ? Alors qu'il a la volée la plus propre que l'on puisse imaginer ?

Pour l'avoir vécu, c'est un pur problème d'ego. Ou bien tu ne demandes rien aux autres entraîneurs parce que tu estimes que ce sont des quiches, mais alors autant le dire. Si ton entraîneur ne fait pas appel à un regard extérieur, cela signifie qu'il pense être le meilleur partout. Dans les faits, je n'ai jamais reçu le moindre conseil d'un autre coach que mon entraîneur attitré quand j'étais au Centre national d'entraînement, à Paris.

Dans le système français, on doit suivre une direction générale dans un cadre général. C'est

Schepper qui doit jouer service-volée. C'est le discours du guerrier qu'on m'applique à moi. C'est Gaël qui joue trop loin de sa ligne de fond de court. Tu peux toujours dire que tu n'en veux pas, de leur direction : on va quand même t'expliquer que c'est la tienne.

En revanche, si tu sors du cadre, alors là tu te fais défoncer. Or moi ce que je déplore, c'est qu'on n'est pas assez poussé à trouver notre propre direction.

Un exemple de quelqu'un qui a décidé de sortir du cadre, ou plutôt de ne jamais y rentrer, c'est Marion Bartoli.

À 12 ans, Marion et son père ont pris une direction et ils n'ont plus jamais fait demi-tour. Et pendant des années, ils ont entendu la même phrase : « Ça ne peut pas marcher. » Ou la variante : « Ça ne va pas marcher. » En 2007, elle a 22 ans quand elle atteint la finale de Wimbledon en battant les numéro 3 (la Serbe Jelena Janković au troisième tour, 3-6/7-5/6-3) et numéro 1 mondiale (la Belge Justine Henin en demi, 1-6/7-5/6-1), laquelle numéro 1 ne perdra plus un match cette année-là, et elle entend encore : « Bon, oui, là ça passe, mais sur le long terme ça ne passera plus. »

D'accord, admettons. Mais là, pourquoi ça passe ? Ce qu'on entend partout, c'est un discours qui consiste à dire qu'ils s'entraînent beaucoup mais qu'ils font n'importe quoi. Qu'elle est trop grosse, déjà. Et qu'elle fait des exercices bizarres : notamment celui avec des élastiques qui relient les fesses aux chevilles, sans même parler de ce truc où son père se met dans le carré de service en frappant comme un sourd pour qu'elle essaie de retourner. On entend aussi qu'elle va se péter quelque chose et ce sera terminé, elle se traînera ça jusqu'au bout et elle ne gagnera plus.

Il fallait cependant voir autre chose. Bartoli, en soi, c'est incroyable. On aurait simplement pu constater sa réussite. Se dire que l'on parlait d'une 10e mondiale, que si ça pouvait sans doute être mieux, ça pouvait tout aussi bien être pire. On aurait aussi pu remarquer un truc important : les Bartoli passaient leur temps à chercher, à essayer des trucs nouveaux. Eh bien non. On a trouvé ça bizarre. J'ai entendu dire que la réussite de Marion n'était possible que dans le tennis féminin, par exemple. Ou que l'on ne pouvait en aucune façon faire du cas Bartoli un modèle standard. Ou que seul un père pouvait demander de telles choses à sa fille. Évidemment, il y a du vrai dans ces réserves.

Je ne dis pas qu'il faut faire une méthode de ce qu'a fait le père de Bartoli avec sa fille, loin de là. Mais il n'empêche que, un peu comme pour Pepe Imaz avec Djokovic, il aurait fallu prendre les choses autrement. Sans cautionner tout ce qui a été fait, force est de constater qu'il y a eu un résultat : on ne peut pas dire que ça n'a pas marché. C'est dans son cadre à elle qu'elle s'est accomplie. Pas dans celui de la Fédération. Elle a gagné un titre du Grand Chelem. Donc il y a quelque chose qui a marché. Et ce serait quand même intéressant d'identifier ce quelque chose. Or nous, ce qu'on a voulu, c'est tout rejeter en bloc.

La Fédération lui a expliqué qu'il fallait qu'elle joue la Fed Cup sans son père pour l'accompagner. Elle fait ce qu'elle veut depuis dix ans, elle intègre le Top 10 ainsi, on l'appelle dans l'équipe de Fed Cup parce qu'elle est la meilleure joueuse française et qu'elle est justement dans le Top 10. Et là, on veut faire le tri : elle oui, son père non.

Sauf qu'elle, dans sa tête, c'est grâce à son père qu'elle joue comme ça. Le capitaine de Fed Cup lui dit : « Je ne vais pas détruire ton jeu. » Dans les faits, les différents capitaines étaient persuadés de pouvoir faire au moins aussi bien que son père. Marion estimait que non, et qu'elle avait besoin de lui. Là, la guerre d'ego commence.

La Fédération ne voulant pas cautionner le cas Bartoli, mais voulant quand même l'avoir au sein de l'équipe, se sert du discours général pour détruire son schéma de pensée à elle. Sans la Fed Cup, on n'aurait pas eu ce combat avec elle, parce que la situation ne se serait pas présentée.

Il n'y a pas de vérité absolue, dans son cas comme ailleurs. Bien sûr que certains pères ont cassé leur joueuse. D'autres ont été toxiques sur le plan psychologique. Peut-être aussi que si Walter Bartoli s'était occupé d'une autre joueuse que sa propre fille, il l'aurait envoyée dans le mur.

On ne peut pas le savoir.

Concernant Marion, sa prise de raquette à deux mains des deux côtés ne s'apprend pas. Mais elle a compensé ses défauts par son parcours de vie, un parcours durant lequel elle aura pourtant entendu tout du long qu'elle faisait n'importe quoi, et même qu'elle disait n'importe quoi. Lors de la finale de Wimbledon que Bartoli remporte en 2013, son adversaire, l'Allemande Sabine Lisicki, fond en larmes avant la fin du match, alors qu'elle est menée 6-1, 4-1.

En face, Marion lui marchait dessus mentalement. Et on parle d'une fille qui aura entendu toute sa vie qu'elle était dans l'erreur, qu'elle avait 20 kg de trop, etc. Peut-être qu'elle fait partie de ces gens qui se construisent dans l'adversité. Ou que c'était plus facile pour elle d'aller dans une autre direction que pour beaucoup d'autres.

Toute sa carrière, elle a su qu'elle avait une capacité de déplacement limité sur le court. Du coup, dès que le terrain s'ouvrait, elle le prenait puisqu'elle savait que le point ne pouvait pas durer.

Ce que l'on peut dire de Marion Bartoli tient en peu de mots. Déjà, elle n'a pas eu le choix. Et ensuite, elle a gagné Wimbledon comme ça. Ce n'était quand même pas compliqué d'aller voir son père et de lui demander le pourquoi de tel exercice ou le comment de tel autre. Voire de lui demander s'il avait besoin d'aide, de quelle nature et à quelle fréquence. Au lieu de ça, on lui explique que sa fille doit être disponible pour la Fed Cup et que lui, il gêne.

Le même cas de figure s'est présenté récemment avec Caroline Garcia.

N'empêche : du père des sœurs Williams jusqu'à celui de Mary Pierce, les exemples de père ayant emmené leur fille au plus haut niveau mondial sont nombreux. Je ne cautionne pas pour autant : certaines filles ont été détruites physiquement ou psychologiquement par leur entourage, et en ont gardé des séquelles profondes. Je m'intéresse ici seulement à ce qui a mené au succès : le dénominateur commun est un projet entièrement tourné autour de la joueuse, personnalisé autant que faire se peut, rejetant l'idée même du discours général pour du sur-mesure appliqué au quotidien des années durant. Et ce n'est même pas un tropisme féminin : quand on lit l'autobiographie d'Andre Agassi, on comprend combien son père était présent dans son projet, peut-être même jusqu'à en être le véritable moteur. Même Rafael Nadal exprime cette idée-là : il a développé au cœur d'un projet centré autour de lui un jeu totalement personnel, avec un coup droit atypique qui n'appartient pas aux chemins consacrés et dont il a fait une force terrible. L'idée, c'est qu'on ne leur a pas imposé un discours générique, prémâché, valant pour tous. Chaque joueur est différent.

On en revient à un problème crucial, celui de penser le tennis sur une feuille de papier. Tu sers à 220 km/h avec tel angle, donc tu dois faire 1,90 mètre et peser 85 kg. J'ai toujours pensé qu'un bon entraîneur devait non seulement être capable de faire progresser ses joueurs, mais aussi d'en faire sortir plusieurs avec des profils différents. Bien sûr que tu peux réussir sur un coup, surtout si le joueur a la qualité de s'adapter au cadre qu'on lui propose : mais ça, ça s'appelle avoir de la chance. Quand Jo-Wilfried Tsonga est allé s'entraîner avec le coach australien Roger Rasheed, il est remonté à la 7e place mondiale. Ce même Roger Rasheed qui a entraîné Lleyton Hewitt alors que celui-ci était au plus haut, et qui était aussi avec Gregor Dimitrov quand le Bulgare a intégré le Top 10 mondial pour la première fois, et de même avec Gaël Monfils… Des joueurs très différents les uns des autres. Cet entraîneur a forcément quelque chose.

Un autre exemple révélateur est celui de Magnus Norman, qui prend Robin Söderling, alors à la 30e place mondiale, et qui tout d'un coup grimpe à la 5e place et arrive en finale à Roland-Garros, puis qui entraîne Stan Wawrinka alors bloqué autour de la 20e place et lui fait franchir un cap et remporter trois titres du Grand Chelem. Lui aussi, il apporte forcément quelque chose à son joueur.

Dans un entretien donné au site de l'ATP, Paul Annacone est revenu sur le rôle d'un coach qui doit aussi savoir s'adapter à son joueur. Il révèle d'ailleurs comment il travaillait avec Roger Federer et Tim Henman qui aimaient débattre sur la façon d'aborder leurs séances d'entraînement : « Tout le monde est très différent. Roger, Pete et Tim Henman aimaient beaucoup discuter et parler de plans, de stratégies, de tactique. Roger était d'ailleurs semblable à Tim Henman à cet égard. Si vous aviez un avis différent de celui de Roger, il fallait mieux pouvoir le lui prouver, lui expliquer pourquoi et le convaincre sur la tactique à adopter. Sinon, votre idée ne passait pas. Pete Sampras voulait être très concis, avec une direction très simple et claire. Au final, vous devez donc comprendre ce dont chaque joueur a besoin, et c'est l'un des arts de l'entraînement et l'une des raisons pour lesquelles je l'aime tellement. »

Pourquoi fixer un cadre collectif quand on forme un joueur ? Parce qu'il est cohérent vu de l'extérieur : technique, physique, endurance, nutrition, vidéo… J'ai travaillé comme ça de 14 à 22 ans, d'abord à Poitiers, puis à l'INSEP, à Roland-Garros. Le discours : un socle commun. Entre 12 et 18 ans, en sport-études, tu travailles ton endurance. La musculation vient plus tard, quand tu es formé physiquement. La technique, elle, est le patrimoine du joueur, tu dois la travailler très jeune, impossible – ou plutôt très difficile – de revenir dessus à 18 ans. Tu peux bien entendu améliorer certains points comme le service, mais ton style est là à 18 ans et ne va pas radicalement changer. Le geste est imprimé dans le cerveau.

Les joueurs ont tous un patrimoine génétique différent, des fragilités différentes. Or, avec le temps, la préparation physique des joueurs est couplée avec la prévention des blessures : voilà pourquoi elle doit être strictement individualisée. Pour l'unité technique, le sur-mesure tombe aussi sous le sens. On ne peut pas développer deux joueurs différents en leur imposant une même direction. On a eu beau me dire de jouer en avançant dans le terrain, j'ai constamment senti d'instinct qu'il me fallait résister. En revanche, pour Jo-Wilfried Tsonga, jouer en avançant tombait sous le sens. Je ne suis pas certain qu'il ait fallu le lui dire deux fois.

Voilà pourquoi on est passé à côté de Nadal et qu'au début personne n'a compris son jeu, quoi qu'on en dise aujourd'hui. Quand il avait 18 ans, on disait : « Oui, c'est pas mal, mais il va se blesser. » Et en attendant il a remporté en 2019 l'US Open à 33 ans, et compte depuis dix-neuf titres du Grand Chelem au compteur. On a dit aussi : « Oui, sur terre battue c'est OK, mais sur gazon il est mort. »

Trois ans après sa première victoire à Roland, il gagnait Wimbledon en 2008. Trois ans seulement ! Pour un joueur dont on disait qu'il était un pur terrien…

On en revient toujours au fait que l'on ne sait pas, pas plus que l'on ne sait à quoi ressemblera le tennis dans dix ou vingt ans. On est dans la projection et le fantasme. Il faut tout reprendre à zéro : quel est ce jeune joueur que je dois former et que j'ai devant moi, quelles sont ses forces mentales, techniques et physiques, quelles sont ses faiblesses et comment faire pour qu'il soit le plus fort possible. Il ne faut pas sortir de là.

On se sert toujours de l'exemple du numéro 1 pour montrer la voie aux joueurs qu'on forme, pour en quelque sorte « valider notre discours ». Je ne résiste pas à écrire la liste des joueurs qui se sont succédé à la place de numéro 1 ces vingt dernières années, pour bien enfoncer le clou et montrer qu'ils sont tous très différents les uns des autres : Sampras, Safin, Kuerten, Hewitt, Agassi, Ferrero, Roddick, Federer, Nadal, Djokovic, Murray.

Les seuls qui valident notre cadre, ce sont donc Federer et Sampras, les autres non, mais on a fait en sorte qu'ils rentrent dedans, en disant par exemple que Murray était devenu numéro 1 parce qu'il s'était mis à avancer, ce qui est faux. On peut être numéro 1 mondial sans un gros service. Nadal l'a prouvé, il est parvenu au sommet de la hiérarchie en mettant la balle en jeu à une époque où l'on pouvait trouver sans aucune difficulté trente joueurs dans le Top 100 qui servaient mieux que lui. Il n'y a pas de vérité et c'est heureux. Si un joueur était meilleur en tout, personne ne pourrait le battre. Mais personne n'est imbattable. Même Federer.

Il est absurde de vouloir leur ressembler. Arrêtez de me parler de la manière de jouer d'untel ou d'untel, et aidez-moi à trouver la voie qui me correspond. Il faut développer le joueur tel qu'il est, parce que tous les modèles qu'on prendra (à savoir les numéros 1) sont tous très différents, donc ça n'a pas de sens. Tant que tu essaies de ressembler à quelqu'un d'autre, c'est mort. Nadal, il joue comme Nadal. Il est son propre personnage. Federer pareil, il ne ressemble à personne d'autre. Djokovic idem. Et donc ton joueur ne doit ressembler à personne d'autre non plus. Cette perspective-là doit être le chemin à emprunter. Il faut développer un joueur sans essayer de le faire coller à un modèle, sans compter que le modèle ultime, le numéro 1, va changer plusieurs fois pendant ton évolution. Je suis persuadé que si on part du joueur, avec les compétences que l'on a et en comblant le vide français du travail sur l'aspect mental, on aura des vainqueurs de Grand Chelem.

Étant sportif, le goût de l'effort est une valeur que je défends. Je crois très, très fort à la chose suivante : le but quand tu fais du sport, et ça vaut d'ailleurs quel que soit le niveau auquel tu le pratiques, c'est de s'accomplir en tant qu'être humain, c'est-à-dire de développer quelque chose que tu n'aurais pas développé si tu n'avais pas pratiqué mais qui se trouve néanmoins quelque part au fond de toi. Je veux parler de la connaissance de soi. Qu'est-ce qu'il a au fond de lui, Roger Federer ? Je ne sais pas mais ça n'a pas d'importance : lui, il le sait. Parce que c'est lui qui a fait le voyage.

Me concernant, je me souviens d'un match du tournoi de Majorque en 2007 face à l'Espagnol Marcel Granollers où j'avais tellement confiance en moi que je suis tombé dans l'arrogance, avec une défaite à la clé (6-3/4-6/6-1).

Non seulement je sentais que j'allais gagner face à lui, mais j'en étais sûr. Du coup, j'ai eu du mal avec le fait que le match soit accroché, je me suis énervé sur le court et cette confiance s'est transformée en doute : là, c'était fini pour moi, que ce soit contre Granollers, Federer ou qui que ce soit d'autre. Les coups ne portaient plus. Ce ne serait pas faux de dire que ce jour-là, j'ai perdu parce que j'ai juste poussé la balle dans le court.

Et j'ai raconté ma vie à chaque point, j'ai dit des horreurs sur le court, ce qui, dans mon cas, est le symptôme d'une mauvaise approche. Je n'étais pas prêt à fermer ma gueule parce que, dans l'approche, je n'étais pas prêt à perdre le match. C'était le point central.

Autre exemple pour montrer que l'approche est fondamentale dans le tennis. Même situation, mais réaction différente. Un coup tu t'y es préparé, ça va, une autre fois tu pètes un câble. Exemple, un départ en vacances. Tu pars le samedi du pont du 15 août, tu sais qu'il y aura des embouteillages. Ça va t'énerver, mais tu t'y attendais. Mais si tu pars exprès un jour de semaine à 4 heures du mat' et que, pour x raison, tu as les mêmes embouteillages, là tu deviens fou.

L'approche est fondamentale dans le tennis. Il y a un socle commun, des vérités générales : il faut être prêt à gagner comme il faut être prêt à perdre. Je perds contre Granollers parce que j'avais oublié que je pouvais perdre. À l'inverse, si tu n'es pas prêt à gagner, tu ne gagneras pas parce qu'à 5-3 pour toi dans le dernier set, c'est cette situation-là qu'il faut gérer et pas une autre.

Après, c'est du tennis : un bon service quand même, un retour qui sort de peu et même si tu n'étais pas prêt à gagner, tu as gagné quand même. Mais tu n'as pas mis toutes les chances de ton côté. J'en reviens au discours de Rafael Nadal avant son match contre un qualifié au premier tour de Roland-Garros, quand il déclare : « Je ne suis pas favori. » Peut-être que ça signifie simplement que Nadal est toujours prêt à perdre… Tout l'intérêt d'une carrière de joueur de tennis, c'est de travailler sur ces nuances-là et ça vaut dans toutes les directions : la connaissance de soi comme lors de l'épisode contre Granollers, la technique et le physique.

Quand on éduque nos enfants, on leur ment tout le temps. On leur dit des contre-vérités, du genre « quand on veut, on peut », ou encore « travaille, et alors tu réussiras ». Pour le « quand on veut, on peut », on a déjà expliqué que ça marchait surtout dans l'autre sens. Quant au « travaille, tu réussiras »… Non, ça aussi c'est complètement faux. Il faudrait dire « travaille et tu auras plus de chance de réussir ». Ça aussi, je l'ai compris trop tard.

Mais c'est difficile d'empêcher un enfant de rêver, il faut être honnête. Regarde la tête de ton fils quand tu lui apprends que le Père Noël n'existe pas : ça n'est pas sans risque. Federer, c'est le Père Noël. C'est compliqué de dire la vérité à un gamin, à savoir qu'il n'arrivera jamais à jouer comme son héros.

Le but ultime, ce serait que le gamin trouve sa limite à lui. Qu'est-ce qu'il y a d'universel dans le tennis ? Ça revient à isoler ce que Federer a en commun avec Nadal ou Djokovic. L'entraînement et la connaissance de soi, qui permettent de régler les problèmes que l'on rencontre en match, et surtout faire baisser le niveau d'inquiétude que l'on a sur soi. Voilà, ça résume parfaitement ce que je pense. Un joueur ne doit pas trouver les limites des autres, ni celles qu'il peut s'imaginer : il doit trouver ses limites à lui.

Conclusion

La faille de notre système, c'est qu'il ne nous apprend pas à jouer juste. Il pense le tennis dans l'absolu, déconnecté des émotions du joueur. La peur est niée. Elle est juste un signe de faiblesse qu'il ne faut surtout pas montrer. Et ne surtout pas apprivoiser, au risque de passer pour un « mouilleur », insulte suprême dans ce sport au fond assez macho où tout le monde veut « se battre » et doit se comporter en « guerrier ».

Mais jouer un match sans avoir peur est une utopie totale. Le stress sera forcément présent. Et à ce moment-là, il faudra bien faire quelque chose. Quelque chose de juste.

Et quelque chose de juste quand on est sous pression et qu'on a peur, ce n'est pas le même coup, le même choix, que lorsqu'on réfléchit au tennis sur une feuille blanche.

Il y a un énorme travail à effectuer sur la connaissance de soi. Il faut se connaître le plus possible, le plus tôt possible et à tous les niveaux (technique, physique, mental), savoir quels sont ses points forts et ses points faibles.

« Qu'est-ce qui tient dans mon jeu quand je suis sous pression ? »

Voilà la question la plus importante. Celle à laquelle il faut absolument savoir répondre. Il est impossible de gagner quoi que ce soit si vous n'avez pas la conviction que ce que vous faites est juste. Mais cette conviction, c'est au joueur de la trouver. On ne peut pas la lui imposer. On ne peut pas s'en créer une fausse, sauf à se mentir à soi-même.

Ce qui nous empêche de gagner, c'est ce mauvais discours tenu depuis notre enfance. Personne ne réalise à quel point il est néfaste. Il empêche à peu près chaque joueur français d'évoluer comme il le devrait. Et de se forger la conviction nécessaire à la victoire. En revanche, il entretient ce décalage constant entre ce que l'on ressent et ce qui nous est dicté.

Il n'y a pas une seule façon d'apprendre. Le modèle de Roger Federer, celui qui crée du jeu, qui se situe dans l'espace et la géométrie du court comme lui, qui a le même timing, c'est parfait sur le papier, c'est séduisant mais voilà, tout le monde n'en est pas capable. Pareil pour le mental : si tu changes de joueur, tu changes la nature de ses besoins. Avant même de commencer à former un joueur de tennis, on a nié cette dimension du jeu. En conséquence, on pousse quelqu'un à devenir un joueur qu'il n'est pas.

Je parle d'un manque. Je sais aussi qu'on a tous le droit de faire des erreurs, et que le tennis que l'on professe en France n'est pas impossible à jouer : Federer le joue, sinon tous les jours, du moins très souvent.

Et c'est pour ça que Federer nous fait mal. En plus, ce plan qui consiste à trouver un nouveau Federer peut marcher : sur quatre mille gamins, on va bien en trouver deux ou trois qui sont à peu près capables de jouer comme lui. Mais on perd tous les autres. Et parmi eux, il y a de potentiels vainqueurs en Grand Chelem. Ce qui fait mal, c'est non seulement ce que l'on fait faire à un joueur indépendamment de sa véritable personnalité, mais aussi le moment choisi pour le transformer en celui qu'il n'est pas.

À la limite, sur le fond, je peux comprendre : quand on érige comme modèle un joueur-type tel que Federer, on ne pense pas à mal, il y a une envie et même des convictions derrière ce discours.

Quand Guy Forget me demande de jouer vers l'avant et de prendre le filet, il est de bonne foi, c'est une façon de jouer qui lui parle et qui a des résultats. Le problème, c'est qu'il est profondément persuadé que celui qui reste au fond du court le fait par défaut, parce qu'il a une limite et parce qu'il ne sait pas faire autrement. Il est entendu que celui qui n'attaque pas, c'est parce qu'il ne sait pas le faire. Que ce n'est pas par choix, car sinon il le ferait. Pourtant, Rafael Nadal ne s'est pas construit comme ça, par défaut. Voilà pour le fond. Mais la forme ?

C'est le moment choisi pour te faire renier ce que tu dis et, au-delà, ce que tu es : ça te tombe toujours dessus quand tu perds. Quand tu es mal. Que tu es fragile. Bref, quand ta conviction s'effrite. Ça me fait penser à une souris à laquelle on mettrait des petits taquets à chaque fois qu'elle s'écarte, pour la remettre dans le droit chemin, ou plutôt le chemin que l'on a imaginé pour elle. Cette façon de faire n'appartient à personne en particulier, médias, entraîneurs ou consultants : elle est l'expression du système dans sa globalité.

Il faut quand même se poser les bonnes questions. Ce qui revient à faire de l'arithmétique : un seul tournoi du Grand Chelem remporté chez les hommes depuis 1947, c'est peu. Et pourtant, ce qui est difficile à comprendre, c'est que le discours, lui, ne change pas. C'est toujours le même : on te parle de « beau jeu », du « tennis à la française »… Il faut cependant expliquer cet échec et regarder la réalité en face. Tout le monde rejette cette responsabilité sur les joueurs. Par tout le monde, j'entends les instances fédérales, mais aussi les médias, et peut-être même vous, qui êtes en train de lire ces lignes.

Pourtant, un paquet de joueurs se sont succédé depuis trente ans, tous différents. La seule chose qui n'a jamais varié, c'est le discours. C'est ce contre quoi on doit lutter.

L'urgence, c'est de changer ce discours.

Cet ouvrage a été mis en page par IGS-CP
à L'Isle-d'Espagnac (16)

CET OUVRAGE
A ÉTÉ ACHEVÉ D'IMPRIMER
SUR ROTO-PAGE
PAR L'IMPRIMERIE FLOCH
À MAYENNE EN NOVEMBRE 2020

N° d'édition : L.01ELKN000715.A003. N° d'impression : 97172
Dépôt légal : octobre 2020
Imprimé en France